企业财务管理与运营研究

杨丽明　刘梦珂 ◎ 著

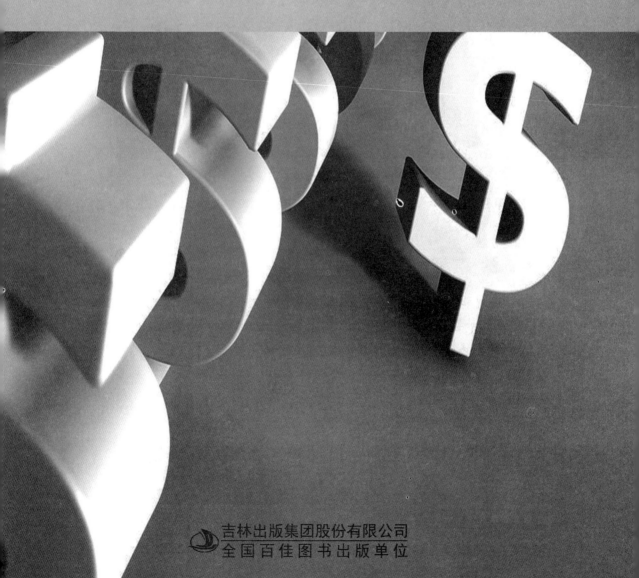

吉林出版集团股份有限公司
全国百佳图书出版单位

图书在版编目（CIP）数据

企业财务管理与运营研究 / 杨丽明，刘梦珂著. --

长春：吉林出版集团股份有限公司，2023.3

ISBN 978-7-5731-3139-3

Ⅰ．①企… Ⅱ．①杨… ②刘… Ⅲ．①企业管理－财
务管理－研究②企业管理－资金管理－研究 Ⅳ．①F275

中国国家版本馆CIP数据核字(2023)第063302号

QIYE CAIWU GUANLI YU YUNYING YANJIU

企业财务管理与运营研究

著　　者	杨丽明　刘梦珂
责任编辑	张婷婷
装帧设计	朱秋丽
出　　版	吉林出版集团股份有限公司
发　　行	吉林出版集团青少年书刊发行有限公司
地　　址	吉林省长春市福祉大路 5788 号（130118）
电　　话	0431-81629808
印　　刷	北京银祥印刷有限公司
版　　次	2023 年 3 月第 1 版
印　　次	2023 年 3 月第 1 次印刷
开　　本	787 mm×1092 mm　　1/16
印　　张	10.25
字　　数	220 千字
书　　号	ISBN 978-7-5731-3139-3
定　　价	76.00元

前　言

随着市场经济的全面进步和推进，企业想要提升经营水平，就要建立健全完整的财务管理控制措施，确保落实具有时效性的监管体系，从而促进企业财务管理的综合发展，实现企业可持续发展的目标。本书集中分析了财务管理在企业运营中的作用，并集中阐释了提高财务管理在企业运营中应用价值的路径。

财务管理是企业运营中的重要参考机制，企业要借助财务管理实现数据分析及掌控收支资金的营运；财务管理是维持财务管理体系全面落地的关键，企业只有完善管理逻辑和自我调整机制，才能真正让财务发挥自身职责作用，确保实现对企业的决策提供支持服务，有效维护企业长效可持续发展，达到维护企业健康管理工作的目标。另外，在面对激烈的市场竞争时，应用系统化财务管理规划就能为企业防范市场风险及资本市场动荡提供坚实的保障。

要充分发挥财务编制对企业财务工作的监管，减少资金应用的盲目性，提升财务风险监管力度，避免风险问题对企业经营管理效率的升级造成影响，在一定程度上维护企业运营发展的基本动力。最关键的是要借助财务管理对企业运营项目的配置和规划进行约束监管，从而夯实资金保障基础，促进企业的可持续发展。

财务管理在企业运营体系内还发挥了经济管理和预警监管的作用，是提升企业全面可持续发展的关键，企业只有科学化应用资产负债表进行数据分析和经营管理决策判定，才能真正发挥财务管理体系的价值，引导相应部门结合管理需求，调整管控方案，实现管理工作的全面进步，完善企业财务管理结构，实现经济效益和社会效益的共赢。

为了提升本书的学术性与严谨性，在本书撰写过程中，笔者参阅了大量的文献资料，引用了诸多专家学者的研究成果，因篇幅有限，不能一一列举，在此一并表示最诚挚的感谢。由于时间仓促，加之笔者水平有限，在撰写过程中难免存在不足的地方，希望各位读者不吝赐教，提出宝贵的意见，以便笔者在今后的学习中加以改进。

目 录

第一章　企业管理概述

第一节　企业理论

一、企业的含义

学习和研究企业管理学，首先必须了解企业的含义。对此，国内外至今还没有一个统一的表述。通常所说的企业，一般是指从事生产、流通或服务等活动，为满足社会需要进行自主经营、自负盈亏、承担风险、实行独立核算，具有法人资格的基本经济单位。

企业具有以下一般性质。

（1）企业是从事经济性活动的组织。企业是直接从事商品生产、经营和商业性服务的经济实体，是市场竞争的主体。这是它与各种非经济性组织的显著区别。例如，国家各级经济管理部门虽然管理经济，但不直接从事经济活动，因而不是经济组织。概言之，一切不直接从事与商品生产、交换有关的经济活动，不介入市场竞争的组织，不能视为企业。

（2）企业是以营利为目的的经济组织。企业作为一个经济实体，无疑要关心自身的利益，要谋求利润，要对经营成果负责。在市场经济中，只有营利，企业才能生存和发展。因而追求营利，实现利润最大化，自然成为企业经营活动最直接和最重要的目的。

（3）企业是一种社会性的经济组织。企业是现代社会的经济细胞。它依存于社会，又对社会产生影响。因此，谋求利润虽然是企业活动的直接目的，但这种利益是以社会发展为前提的。企业在社会中得到利益，再巧妙地用于社会，不仅创造了社会效益，同时也增加了企业活力。

（4）企业是一种独立的法人组织。市场竞争的风险和竞争特性决定了企业必须能够自主开展经营活动，具备独立承担经营活动后果的财产能力。市场经济从本质上要求企业成为自主经营、自负盈亏的独立法人实体，成为企业产权主体。由企业的独立性所决定，企业不是行政机关的附属物，不隶属于行政部门领导。相应地，企业也没有行政级别和行政官员，企业的拓展也没有行政边界。

作为一个企业，必须具备以下一些基本要素：①拥有一定数量、一定技术水平的生产设备和资金；②具有开展一定生产规模和经营活动的场所；③具有一定技能、一定数量的生产者和经营管理者；④从事社会商品生产、流通等经济活动；⑤自主经营、独立核算，并具有法人地位；⑥生产经营活动的目的是获取利润。

任何企业都应具备这些基本要素，其中最本质的要素是企业的生产经营活动要获取利润。对于这一点，国内外许多企业都有评述。一种观点直言不讳地认为，企业是以获取利润为目的的经济组织；另一种观点认为，企业需要利润，同时又必须承担某些社会责任，为社会提供服务，否则企业就不可能取得长久的生存和发展，追求利润不是企业的唯一目的，利润只是为社会提供服务的合理报酬，是服务的结果，因此，企业要把为社会提供服务作为自己的宗旨。综上所述，后一种看法比较全面，具有企业家的战略眼光。在追求利润的同时，更讲求企业生产和经营之道，代表了当今企业的发展趋势。

二、企业产权及其演变

（一）产权及其特征

从表面上看，市场交易的对象是各种商品和要素，但在商品和要素的背后，人们交换的是产权。交易活动是产权的让渡和转移。如果没有产权的明确界定，就谈不上交易问题。因此，交易在本质上是产权的交易。

所谓产权，是财产权的简称，是法定主体对财产所拥有的各项权能的总和。它不是一种而是一组权利，有人称之为"产权束"。产权一般可被分解为所有权、占有权、使用权、收益权和处置权。产权的基础和核心是所有权，它是一种以财产所有权为基础的社会性行为权利。从这个意义上看，所谓交易，确切地说是构成产权的一组权利部分或全部的让渡。

在马克思主义的产权理论中，有一条非常朴素的道理：产权可以以两种形式存在：一种是法律形式，另一种是实现形式。所谓法律形式，就是法律上的所有权（财产所有权）即法权，它要回答的是财产的归宿问题；所谓实现形式，就是经济上的所有权，它要回答的是财产的经营问题。一般来讲，产权的法律形式具有相对稳定性。在稳定的法权形式下，产权的实现形式是可以发生变化的。就产权的法律形式和实现形式的相对关系来讲，任何变化都不外乎两种形式：一种是合，它表示产权的所有与经营的统一；另一种是分，它表示产权的所有与经营的分离。

从产权的内涵及其形式中可以看出，产权具有以下特征：（1）排他性。这意味着两个人或主体不能同时拥有控制同一事物的权利；（2）可让渡性（可交易性）。在市场交易中，不同产权之间的相互让渡，使资源配置趋于最优化。

（二）产权的基本功能

在现实社会中，明确的产权制度会产生以下功能。

（1）产权可以改善资源配置。明确界定的产权，是市场交易的前提。只要产权界定清楚，交易当事人就会从自身的利益出发，绞尽脑汁地寻求交易费用低、收益高的形式，把资源应用到成本最小、产出最大的地方，达到资源配置的最优化。反之，如果产权边界模糊，产权交易的成本过高，人们就会缺乏选择有效交易形式的动力，甚至可能选择对抗的形式来解决资源的配置问题，从而降低资源配置的效益。

（2）产权可以产生激励效应。显而易见，如果产权特别是收益能够得到明确的界定，而且得到有效的实施，就会对产权的行使者（或称产权主体）产生激励作用，使资源得以有效利用，产权的行使者也会因此而获益。反之，如果产权边界模糊，产权主体应得的收益无法得到保证，当事人便不会自觉、积极地去有效利用资源，从而影响资源配置的效益。

（3）产权能够形成稳定的预期。产权制度是一种确认并保障产权主体权益的制度，因此，这种制度是否具有持续性和稳定性，直接关系到交易活动的当事人能否形成稳定的预期。只有当社会的产权制度明确地承认并保护产权时，人们在交易活动中有一个可以把握、稳定的预期，才会着眼于谋求长远利益，从而使自己的行为长期化。反之，如果产权制度缺乏稳定性和可靠性，从事交易活动的人们缺少起码的安全感，就会做出只顾短期收益而不顾长远利益的短期行为，从而导致资源的滥用和浪费。

（三）企业产权制度的演变过程

产权是企业全部问题的核心。对企业产权制度的演进过程进行考察，可以更深刻地把握企业的内涵，更容易理解我国正在经历的企业制度改革。迄今为止，企业产权制度经历了以下四个发展阶段。

第一阶段：产权主体单一，两权合一。在企业产生与发展的初期，企业组织比较简单，企业只有一个所有者，产权主体单一。此时，产权的法律形式与实现形式还未分开，产权的各项权能也未充分展开，未取得外在的相对独立的形态。这时，产权与所有权是等价的。企业主既是所有者也是经营者，还是劳动者。

第二阶段：产权主体单一，两权分离。随着社会分工的发展和科学技术的进步，企业经营规模逐渐扩大，产权所有者同时作为产权经营者已力不从心，因而两权逐步分离开来。所谓分离，就是指原始产权的所有者，通过某种契约形式和必要的法律程序，有条件地让渡产权的部分和全部经营权，也就是马克思所说的实现权。西方企业发展的历史证明，与两权分离初期相适应的企业形式就是租赁制和承包制。这种情况发生在 19 世纪，到后半叶推向高潮。

第三阶段：产权主体多元，两权合一。随着生产力的发展和生产的社会化，客观上要求企业规模扩大，组建巨额投资的大型、巨型企业。这是私人资本难以办到的。为了克服个人占用资金的局限性，把个人资本转化为社会资本，现代股份公司应运而生。公司制度的出现，结束了产权单一的历史，开创了企业内部产权多元化的新纪元。在这种公司中，财产的原始权以股权的形式出现，而公司的一切权力集中于法人机关——董事会的手中。董事既是公司财产的所有者，又是公司财产的经营者。这就是所谓原始产权和法人产权的合一。这种情况在日本的企业中表现得最为突出。从企业发展的历史来看，企业的这种两权合一维持了一个短暂的时期。

第四阶段：产权高度社会化，两权分离。随着股份公司的发展，公司的外部环境发生了明显的变化：一是市场扩大了，市场竞争日益加剧，公司必须在竞争中经得起风浪，并且争取扩大市场；二是生产规模扩大了，生产过程日益专业化、复杂化，进而对生产过程的管理提出了严格的要求；三是科学技术的进步，科技的竞争已经取代资本的竞争而占主导地位。这种充满机遇与风险的时代，对企业经营者提出了空前的要求。于是，到 20 世纪 60 年代，公司内部两权合一的格局被打破，出现了两权分离，即"所有与控制的分离"。我国则习惯上称为"所有权与经营权的分离"。这时，企业高层管理作为一种劳动，从大股东手中转移到支薪人员——经理阶层的手中，从而开创了企业发展的新阶段。

三、企业的产权组织形式

在企业产权制度演变的过程中，企业逐渐演化为以下三种组织形式。

（一）业主制企业

业主制企业是最简单的企业形式。业主制企业只有一个产权所有者，企业由业主直接经营。业主享有该企业的全部经营所得，同时对它的债务负有无限清偿的责任。如果企业经营失败，资不抵债，业主就要用自己的个人财产来抵偿。

业主制企业一般规模很小、结构简单，几乎没有任何内部管理机构。它的优点：建立与歇业的程序简单易行，产权能够较为自由地转让；经营灵活，决策迅速，制约因素少；经营的保密性强；经营者与产权关系密切、直接，因而精打细算。它的缺点：①无限的责任。业主要对企业的全部债务负无限清偿责任。也就是说，当企业的资产不足以清偿企业的债务时，法律强制其业主用个人财产来清偿。所以，这种企业的风险性大。②有限的规模。其业主只有一个人，因而财力有限。加之受偿债能力的限制，取得贷款的能力也较差，因而难以经营需要大量投资的事业。③有限的企业寿命。企业的存在，完全取决于业主。如果业主无意经营或死亡，该企业的业务即告中断，所以企业的寿命有限。这样，企业的雇员及债权人都要经受很大风险。

（二）合伙制企业

合伙制企业是由两个或两个以上业主共同出资，合伙经营，共同对企业债务负连带无限清偿责任的经济组织。

合伙制企业的优点：①扩大了资金来源和信用能力。由于可以由众多合伙人共筹资金，因而资本规模扩大了，也由于合伙人共负偿债责任，因而减少了债权人的风险，提高了信用能力。②提高了经营水平与决策能力。合伙企业的业主人数多，可集思广益，其经营水平与决策能力自然优于业主制企业。

合伙制企业的缺点：①无限责任的风险性。合伙人对于企业的债务负无限责任，而不以他投入企业的资本为限。当企业经营失败时，如果其他合伙人无力赔偿他们应当承担的那一部分债务，合伙人还负有连带责任，有义务用自己的财产予以补足，直至偿清全部债务为止。这就使合伙人面临相当大的风险。②合伙企业的稳定性较差。合伙制企业是依据合伙人之间的协议建立的，每当退出或死亡一位合伙人，接纳一位新合伙人，都必须重新谈判并建立一种全新的合伙关系。而谈判与新型人际关系的建立都很复杂，因而在新旧合伙人更换时，很容易使企业夭折。③易形成决策上的延误。合伙企业的所有合伙人都有权代表企业从事经营活动，重大决策必须所有合伙人参加。如果意见有分歧，很容易造成决策上的延误，影响企业的有效经营。无论是业主制还是合伙制，都有一个共同的特征，即企业是其所有者的延伸。在法律上，无法同成立它们的作为自然人的所有者分开，出资人即为企业，法律责任、债务清偿要由业主及其家财承担。因而，一般把这两类企业统称为自然人企业。

（三）公司制企业

公司制企业是由两个以上股东出资建立的，有独立法人财产、独立法人地位，能够以法人财产为基础享有民事权利、承担民事责任的经济组织。

公司制企业与前两种企业的最大区别，就在于前者是建立在"资合"的基础上，而后者是建立在"人合"的基础上。

所谓法人，就是由法律创造的具有人格的实体。法人可以有它自己的名称、法定住所，可以有权拥有财产，参与社会各种经济活动。法人是法律概念上的"人"。

公司法人财产具有整体性和延续性。整体性是指公司的财产不可分割，股东一旦投资到公司，就不可抽回，只能转让。这使得公司的财产不会因股东的变化而出现经常性的变动，保持了一定的稳定性。同时，股东的个人生命已经不能影响公司的生命。延续性则是指只要公司存在，公司法人就不会失去财产权，股东的变动不会影响法人财产权的行使。

公司制企业的最大特点是实行有限责任制度，这是企业发展史上的一次飞跃。它有两个方面的含义：一是对股东而言，他们以其出资额为限对公司的债务承担有限责任；二是对公司法人而言，公司法人以其全部法人财产对公司债务负责。

公司制企业还实现了股东所有权与法人财产权的分离，这意味着可以不再由所有者亲自经营自己的财产，而可以将其委托给专门的经营者代为经营。这也是一个重大的历史进步。

四、公司制企业的种类

公司制企业可以分为有限责任公司、股份有限公司、无限责任公司、两合公司和股份两合公司几种。现就其法律和经济上的特点介绍如下。

（一）有限责任公司

有限责任公司（又称有限公司，在英美法国家又叫私人公司或封闭公司）是指股东以其出资额为限对公司承担责任，公司以其全部资产对公司的债务承担责任的企业法人。

有限责任公司具有以下基本特征。

（1）有限责任公司股东人数较少，公司法一般对股东人数规定有最高限额。如日本和美国某些州的公司法规定，有限责任公司股东人数不得超过30人，英国和法国规定不得超过50人，我国规定不得超过50人。

（2）有限责任公司的资本无须划分为等额股份，也不发行股票，股东确定出资金额并交付后，由公司出具股单，股单只能作为股东在公司中应享有权益的凭证，而不能自由买卖。股东出让股权时，受到一定的限制，一般要取得其他股东的同意，且其他股东具有优先购买权。

（3）在有限责任公司中，董事和高层经理人员往往具有股东身份。大股东亲自经营企业，使所有与控制的分离程度不如股份有限公司那样高。

（4）有限责任公司成立、歇业、解散的程序比较简单，管理机构比较简单，同时公司账目无须向公众公开披露。

（二）股份有限公司

股份有限公司（又称股份公司，在英美法国家又叫公众公司）是指全部资本分为等额股份，股东以其所持股份为限对公司承担责任，公司以其全部资产为限对公司债务承担责任的企业法人。

股份有限公司具有以下基本特征。

（1）股份有限公司的股东必须达到法定人数。如法国、日本法律规定，股份有限公司的股东最低人数为7人，德国规定不得少于5人，我国规定至少2人。股东可以是自然人，也可以是法人。

（2）股份有限公司的总资本是由若干均等的股份所组成的，股票是一种有价证券，可以自由认购、自由转让。股东不能要求退股，但可以通过买卖股票而随时让渡股份。

（3）股份有限公司必须向公众公开披露财务状况。为保护投资者的利益，各国公司法一般都规定，股份有限公司必须在每个财务年度终了时公布公司的年度报告，其中包括董事会的年度报告、公司损益表和资产负债表。股份有限公司有许多突出的优点。除了股东承担有限责任，减少了股东投资风险外，最显著的一个优点是有可能获准在交易所上市。股份有限公司上市后，由于面向社会发行股票，具有大规模的筹资能力，能迅速扩展企业规模，增强企业在市场上的竞争力。此外，由于股票易于迅速转让，提高了资本的流动性。当股东认为公司经营不善时，会在证券市场上抛售股票，把资金转而投向其他公司，即所谓的"用脚投票"。这能对公司经理人员形成强大的压力，鞭策他们努力提高企业的经济效益。

当然，股份有限公司也有缺点，如公司设立程序复杂，组建和歇业不像其他类型公司那样方便；公司营业情况和财务状况向社会公开，保密性不强；股东购买股票，主要是为取得股利和从股票升值中取利，缺少对企业长远发展的关心；所有权与经营权的分离，会产生复杂的委托－代理关系；等等。

（三）无限责任公司

无限责任公司一般是指由两个以上股东组成的对公司债务负无限连带责任的公司。

无限责任公司在西方国家数量不多，作用有限，但由于这类公司设立和解散手续都比较简单且股东间关系密切，因而仍不失为一种公司形式而继续存在。当然，其缺点也是十分明显的，主要是股东承担的投资风险太大、责任太重，公司一旦破产，往往导致股东倾家荡产。

（四）两合公司

两合公司是指由有限责任股东和无限责任股东共同组织而成的一类公司。在这类公司中，无限责任股东对公司债务负连带无限清偿责任，有限责任股东仅以其出资额为限对公司债务负有限责任。

两合公司是无限责任公司和有限责任公司之间的中间形式，其经济意义在于：既有负无限责任的股东以取得外界信任，又可吸收有限责任股东以扩大公司的资金来源。由于无限责任股东负有很大风险，因而他们在两合公司中占有主导地位，享有管理公司业务的权利。

（五）股份两合公司

股份两合公司是指无限责任股东和持股票的有限责任股东组成的公司。无限责任股东对公司债务负连带无限责任，有限责任部分的资本分为等额股份，通过发行股票筹集资本，其股东仅就其认购股份对公司债务负责。股份两合公司由无限责任股东管理公司事务，由有限责任股东组成股东会，选举监察人对公司事务进行监察。无限责任股东的决定权对有限责任股东具有约束力。投资者在既要募集资本又要享有公司管理权时，可采取这种公司形式。

五、现代企业制度

（一）现代企业制度的含义及特征

现代企业制度是适应现代市场经济和社会化大生产的要求，以法人财产权为基础，以有限责任为核心，以专家集团为管理主体的企业制度。"现代"一词，绝不仅仅是一种自然时间的概念，而是一个包含丰富历史内容的概念。它起码是针对两种类型的"企业"制度而言的。一是产品经济体制下的工厂制度。所谓工厂，一般是指以机器或机器体系为基础的不同工种工人分工协作的工业生产活动的组织。在产品经济体制下，我国的企业以这种生产组织为基础，又兼有部分行政与社会功能。当时的企业，既是一个生产单位，又是行政机构的附属物，形成一个几乎包罗万象的"小社会"。这显然无法适应现代市场经济的要求。二是古典企业制度。古典企业制度是指传统的业主制和合伙制，又叫自然人企业制度。这类企业制度的典型特征是企业不具有法人资格，而只是它们的所有者延伸。自然人企业无限责任的风险性及资本规模的有限性使企业无法适应现代市场经济和社会化大生产的要求。"制度"一般被定义为行为约束规范或行为约定。因此，制度创新比简单的放权、转换机制更进一步，它涉及企业内部各个层次、各个侧面的制度体系的系统改革，包括企业产权制度、企业组织制度和企业管理制度等各个方面。

现代企业制度具有以下特征。

（1）产权清晰。产权清晰主要是指产权关系与责任的清晰。完整意义上的产权关系是多层次的，它表明财产最终归谁所有、由谁实际占有、谁来使用、谁享受收益、归谁处置等财产权中一系列的权利关系。各种权利可集中于某一主体，也可在不同主体身上发生不同程度的分离。在现代企业中，产权的权利与责任不但是分离的，而且是清晰的。出资人的终极所有权一般表现为股权，企业的实际占有权相应地转为法人财产权。但无论是出资人，还是企业法人，作为产权主体，他们各自的权利、义务和责任，都用法律做出了界定。出资人可以是自然人，也可以是国家或其他法人。出资人的身份没有尊卑贵贱之分，他们的权、责、利只与其出资额相关。要实现产权清晰，就要通过建立一套符合市场经济要求的经营性国有资产的管理、监督及运营体系，明确企业国有资产的投资主体，让所有者代表到位，进入企业内部行使所有者的权利。

（2）权责明确。其侧重点要在两个方面明确权利和责任：一是国家与企业的关系方面，要明确国家作为出资者与企业之间的权利和责任划分。国家通过国有资产投资主体在企业中行使出资者权利，并以投入企业的资本额为限对企业的债务承担有限责任；企业则拥有包括国有投资主体在内的各类投资者投资及借贷形成的法人财产，对其享有占有、使用、处置和收益的权利。二是在企业内部，通过建立科学的法人治理结构，形成规范的企业领导体制和组织制度；依据《公司法》建立权力机构、决策机构和监督机构，并界定各自的权利和责任。

（3）政企分开。政企分开最重要的是实行政企职责分开、职能到位。首先，政府的社会经济管理职能与经营性国有资产的所有者职能分开；其次，经营性国有资产的管理、监督职能与经营职能分开。只有实行两个分开，才能为实现政府调控市场、企业自主经营创造基本条件。职能到位是指改变目前政府—企业职能错位的状况。企业的经营权应交给企业，政府不再直接干预企业的决策和生产经营活动，企业办社会职能由政府接过来，使企业将目标真正集中到追求经济效益上来。

（4）管理科学。管理科学要求科学、有序、规范的企业管理，其内涵随着生产力的发展和社会的进步而不断完善和丰富。当前，在建立现代企业制度中应着重考虑以下问题：企业的经营发展战略；建立科学的领导体制与组织制度；把握市场信息，及时有效地做出反应；不断优化企业内各项生产要素的组合；以提高市场竞争力为目标，完善各项管理制度；注重实物管理的同时，注重价值形态管理，注重资产经营，注重资本积累；开发人力资源，培养企业文化；遵纪守法，诚信交往，塑造良好形象。

现代企业制度的四个特征有很强的关联性，既互为因果，又互为条件。只有四项特征都充分体现出来，才能综合地从根本上解决国有企业改革中所面临的深层次问题。

现代企业制度的基本内容包括三个方面：现代企业产权制度，即公司法人产权制度；现代企业组织制度，即公司组织制度；现代企业管理制度，即公司管理制度。

（二）现代企业产权制度

1.产权制度及其功能

产权制度是指以产权为依托，对财产关系进行合理有效的组合、调节的制度安排。具体表现为建立在一定的生产资料所有制基础上，对财产占有、使用、收益和处置过程中所形成的各类产权主体的地位、行为权利、责任、相互关系加以规范的法律制度。

产权制度的功能如下。

（1）财产约束功能。在合理的产权制度下，明晰的产权关系可以使所有者通过产权有效地约束经营者，从而保证资产增值，实现所有者利益。

（2）自主经营和激励机制功能。产权具有排他性和独立性，企业一旦拥有产权，其生产经营权利即可得到法律保护，进而使经营者在激励机制的作用下，既可以也可能真正做到自主经营、自负盈亏。

（3）增进资源配置效益功能。由于产权的各项功能是可以分解、转让的，因此，通过以产权转让为基础的企业间的资产联合、兼并等形式，可以促进资产合理流动。

（4）规范市场交易行为功能。产权关系的界定具体规定了人们那些与物相关的行为规范，每个人在与他人的相互交往中都必须遵守这些规范，或者必须承担不遵守这些规范的后果。这样，保障收益和受损索赔的原则可以有效抑制不正当交易行为，从而使企业行为合理化。

2. 公司财产权能的分离

财产权能的分离是指财产权中所包括的诸项权能（所有权、占有权、使用权、收益权、处置权）分属不同的经济主体。财产权能分离最常见的方式是所有权和其他权能的分离，通常称为所有权和经营权的分离。

公司财产权能的分离是指公司所有权与经营权的分离。公司所有权与经营权分离的特殊含义表现为原始所有权、法人财产权和经营权三者相互分离。公司所有权与经营权的这种分离形式，是企业所有权与经营权分离的最高形式，它具有以下几个特点。

（1）这种分离是以公司法人为中介的所有权与经营权的两次分离。第一次分离是具有法律意义的出资人与公司法人的分离，即原始所有权与法人财产权的分离。在公司出现以前，个人业主企业和合伙企业都是自然人企业，不具有法人资格，因而不具有归法人支配的资产。企业资产的所有者就是企业的出资者，企业所有权合二为一，统归企业主所有。公司是企业法人，拥有法人资产，对所经营的资产具有完全的支配权——法人财产权。公司出资者失去了对公司资产的实际占有权和支配权，出资者的所有权转化为原始所有权，表现为股权，股票是其载体。

公司所有权与经营权的第一次分离——原始所有权与法人财产权的分离，对公司法人财产权制度的建立具有重要意义：首先，公司作为法人，获得了与个人财产享有同等权利的法人资产，公司具有独立支配的法人财产权，因此公司法人全面获得了对公司资产的支配权。而且，在法人存续期间，这些权利成为法人永久享有的权利，公司据此开始以自己的名义直接、稳定地占有和经营股东出资的资产，摆脱了资产原始所有者的直接干预。其次，公司资产的投资者仍是资产的原始所有者，拥有所出资部分财产的原始所有权。原始所有权体现为股权，相对于本来意义上的所有权而言，其权能已被大大弱化。股权的代表者股东已经没有对公司直接经营的权利，也没有直接处置法人资产的权利，只有通过股东大会形式来反映出资者的利益，通过选举董事会间接参与管理公司，从股权获得资产收益和转让股权的权利。出资人具有股东地位，能够仅负较小风险而享受极大的收益。最后，所有者和法人之间产权关系界定十分明晰。当股东出资后，财产的实物形态和价值形态就发生了分离。

股东作为原始所有者保留对资产的价值形态——股票占有的权利（股权）；而法人享有对实物资产——生产资料的占有权利（财产物权）。对财产的权利也同时分解为对价值形态和实物形态的权利。这样，原始所有权体现为这一财产最终归谁所有；法人财产权则体现这一财产由谁占有、使用和处置。可见，不仅所有者与法人之间的纵向关系十分明确，而且终极所有者之间和法人之间的横向产权关系也十分清晰。

第二次分离是具有经济意义的法人财产权与经营权的分离。这次分离，一是由于公司资本所有权多元化和分散化，也由于公司规模的大型化和管理的复杂化，管理活动需要专业的人才，经理阶层于是崛起，出现了专门以经营管理为主的企业家群体。二是股东作为出资者投资的目的主要是获利，为了达到这一目的，需要把经营企业的重任交给有能力的职业经理，而自己则以投资者的身份存在，把目光集中在对投资回报率具有更大意义的投资行为选择，以及参与委托经营者的挑选、监督工作上。

公司所有权与经营权的两次分离，与所有权保持完整统一的前提下所有权与经营权的分离（如承包制）具有质的区别，即公司成为不依赖于股东而独立存在的法人。法人具有两个主要特征：其一，法人是集合的主体。法人是一个团体，是一些人由于共同目的而相互结合组成的一个团体。其二，法人的财产与组成法人的自然人的财产相脱离，只有当团体的财产从组成团体的财产中分离出来时，团体才有了独立的人格，才成为法人。法人就是这两个特征的结合，是人的集合体和财产集合体的统一，其中最重要的是财产的联合。

（2）法人财产权从所有权中分离出来，使得法人财产权不依赖于原始所有权而独立存在，公司产权取得了独立的法人资产。公司凭借其拥有的法人资产对公司债务承担最终清偿责任。法人财产权是指公司作为法人对公司财产的排他性使用权、经营权、收益权和自由处置转让权。法人财产权是一种派生所有权，是所有权的经济行为。相对于公司原始所有权表现为股权而言，公司法人财产权表现为公司财产的物权，即公司作为法人对其经营的资产拥有占有、使用、收益和处置的权利。财产物权是对公司财产的实际控制权，它是公司取得法人资格的同时获得的一项财产权能。公司作为法人拥有公司财产物权，公司资产不论是谁投资的，一旦形成公司的资产投入运营，其产权就归属公司，而原来的投资者就与现实资产运营脱离了关系。

（3）公司制度下的所有权与经营权分离，是以法律形式加以规范的，是永久性的彻底分离，使经营权摆脱了对所有权的依附。出资人、公司法人、经营者各有其相应的权利和义务。

3. 公司产权制度的基本内容

公司产权制度就是公司的法人财产制度，是以公司的法人财产为基础，以出资者原始所有权、公司法人财产权与公司经营权相互分离为特征，以股东会、董事会和执行机构为法人治理结构来确定各自的权利、责任和利益的企业财产组织制度。

公司产权制度的内容简要介绍如下。

（1）公司是由一个法人治理结构来统治和管理的。所谓法人治理结构，就是统治和管理公司的组织结构。因为公司是法人团体，与自然人企业不同，它是集合的主体，是一些人由于共同目标而相互结合组成的团体，具有自己独立的意志，因而要体现这个意志，只能有一个组织，即法人治理结构对公司进行治理。

（2）公司治理结构，是由股东会、董事会和高级经理人员三者组成的一种组织结构。这种三层治理结构的特点是使原始所有权、公司财产权和经营权各有人格化载体，界定明确，责、权、利明确划分。其中股东大会是公司的最高权力机构；董事会是由股东大会选举产生的公司决策和管理机构；董事会授权下的高级经理人员组成公司管理与执行机构。

（3）由股东会、董事会和经理人员组成的治理结构，具有一定的制衡关系，可以相互制约，从而保证公司资产的完整性和体现公司法人团体的意志。其制衡关系如下：首先，公司财产的原始所有者股东从维护投资者利益的角度出发，通过股权代表机构——股东会，选举董事会，以对重大决策进行表决的方式，反映自己的意志，制约董事会的行为。股东会与董事会之间的关系是信托托管关系。另外，股东还可以采用"用脚投票"的方式，买进或卖出公司股票，对公司行为形成外部化的制约。其次，董事会作为法人财产的代表，对公司资产的运营与增值负责，承担资产风险。它受股东利益制约，对公司重大问题进行决策，并对经理人员进行监督。董事会的核心作用是保证公司经营管理符合股东利益，使公司法人治理结构有效运行。最后，经理作为公司的经营者，是董事会以经营管理知识、经验和创新能力为标准挑选和聘任的。经理直接受控于董事会，对自己的经营成果负责。董事会与经理人员之间的关系是委托代理关系。

4. 公司财产的有限责任制度

有限责任制度是现代企业产权制度的一项重要内容。作为现代企业制度的两种主要形式——股份有限公司和有限责任公司，均实行有限责任制度。

公司财产有限责任制度包括两方面内容：一是出资者只以其投入企业的出资额为限，对企业债务承担有限责任；二是公司以全部法人财产对其债务承担有限责任。这两个方面相互补充，是公司财产有限责任制度不可或缺的内容。因此，公司财产有限责任制度所称"有限责任"具有双重含义，即股东对公司所承担的有限责任和公司对债权人所承担的有限责任，二者具有不同的作用：前者是用来调整公司内部关系的，即股东与股东之间的关系，以及股东与公司法人之间的关系；后者是用来调整公司外部关系的，即公司与其发生业务往来的其他经济主体间的关系。股东有限责任是公司有限责任的内在基础，公司有限责任是股东有限责任的外在体现。

公司财产有限责任制度具有以下特征。

第一，股东个人财产与出资财产的分离。股东自愿用其财产的一部分投资于公司，出资多少由自己决定，但一旦出资后，这部分资金就交给公司经营，与个人财产完全相分离。这种分离具有双重意义，既保证了公司对所获资本的独立运用，又奠定了公司财产有限责任制度的基础。这种分离是实现股东有限责任的条件。投资者的最大风险是丧失本金，相对倾家荡产（无限责任）来说，风险已大大减少，而这种投资并不排除带来高额收益的可能性。因此，股东个人财产与出资财产相分离，有效地满足了投资者最小风险和最大收益的双重目标。

第二，公司财产法人化。公司必须真正拥有法人财产权，才能成为真正独立的法人，才能真正实现公司的有限责任。独立的法人意味着公司对股东来说是独立的，同时公司对政府来说也是独立的。只有实现了这两个独立，公司才能既不受股东个人意志的干扰，也不受政府行政意志的干预，而是按市场运行规律追求公司财产的最佳运营效率。因此可以说，在公司法人财产化前提下实现的公司有限责任制度，可以保证公司资产运用效率最高。

第三，公司财产有限责任制度是建立企业破产制度的前提。在股东负无限责任的情况下（特别是国家作为负无限责任股东时）必须用出资以外资产为企业在资不抵债时偿还债务，维持其生存，其结果是保护了落后企业，股东利益受损。公司有限责任制度的建立，使企业破产制度变得切实可行，在企业经营不善，无力偿还债务时，就可以按破产办法处理，以企业经营管理的法人财产抵偿债务，承担有限责任。假如企业全部资产不足以偿还债务，则依法可以免除剩余部分。所谓"破产"就是破公司有限责任制度下的法人财产。

由于确认股东有限责任原则的结果，股东对公司的债权者不承担任何责任，因此公司的财产对公司的债权者成了唯一的担保。为了保护公司的债权者，必须确保公司的财产。这种应该确保的财产基准额叫资本。确保公司资本充足和稳定，对保护公司债权人的利益具有重大意义。

（三）现代企业组织制度

公司企业在市场经济的发展中，已经形成了一套完整的组织制度，其基本特征是所有者、经营者和生产者之间，通过公司的决策机构、执行机构和监督机构，形成了各自独立、权责明确和相互制约的关系，并通过法律和公司章程加以确立和实现。现代企业组织制度中最主要的内容就是公司组织机构。

公司组织机构是指从事公司经营活动的决策、执行和监督的公司最高领导机构。在市场经济的长期发展过程中，各国公司法已经形成公司组织制度方面两个相互联系的原则，即企业所有权与经营权相分离的原则，以及由此派生出的公司决策权、执行权和监督权三权分立原则。公司组织机构通常包括股东大会、董事会、监事会及经理人员四大部分，按其职能，分别形成决策机构、监督机构和执行机构。

1.公司的最高权力机构——股东大会

股东大会也称股东会，仅是公司的意思机构，或者说仅是公司形式上和法律上的权力机构，因而它对外不代表公司，对内不执行业务，其本身也不是权利义务的主体。股东大会是由全体股东组成的机构，而不是股东代表大会。此外，股东大会也不同于股东会议，股东大会是公司企业的组织机构，而股东会议只是该机构行使其权利的具体形式。

股东大会通过股东会议行使权利，实际上是所有权组织对经营权组织的制约。为了保证这一制约充分有效，或者说，为了使股东大会真正成为表达意愿和要求、维护股东权益的权力机构，就必须建立股东会议制度。同时，所有权组织对经营权组织的制约不但要充分有效，而且要保证合理适度，即不至于造成前者干预后者的经营决策，以致介入公司的具体业务，这就要求所有权的制约行为必须符合法律规范，即所有权本身也要受到制约。其具体要求是股东会议的召集必须依法进行，股东会议的决议必须依法做出。股东大会作为公司的最高权力机构，其主要职责是选举和罢免董事会和监事会成员，制定和修改公司章程，审议和批准公司的财务预决算、投资以及收益分配，决定公司类型变更、分立、合并和解散等。

2.公司的经营决策机构——董事会

董事会是由股东大会选出，由董事组成，代表全体股东利益，执行公司业务的常设机构。但执行业务有执行业务的意思决定和实行两种方式，前一种方式是经营决策，后一种方式是经营决策的实施。所以，董事会实际上又是一种执行业务的意思机构，即经营意思机构。

与股东大会不同，董事会是公司实际的权力机构。股东大会选出董事若干人组成董事会后，董事会有权决定公司的经营方针、经营范围、规模及关系公司全局的重大问题。因而董事也就成为公司内最具实际权力的人，他们的素质和行为能力如何对公司的经营绩效关系极大。进一步的问题是，如何才能最大限度地保证把真正具有真才实学、遵纪守法、服从公司利益而又勤奋忠诚的人遴选到董事职位上，且又能使其不敢怠慢而一贯尽职尽责？其一，对董事资格做出法律规定。其二，还可以设董事资格股，即要求每个董事必须拥有一个最低数额的公司股份，作为担任董事的资格限制，把其行为能力及其效果与他个人的损益联系起来。若董事因自身玩忽职守或擅自行动，给公司经营造成了损失，则其资格股就作为对公司的部分赔偿。其三，规定董事在董事会中的投票决策要记录在案，并承担责任。其四，要有时限周期适宜的董事更换制度和灵活的罢免制度。其五，也是最根本的办法，把遴选和罢免董事的权力交给股东。因为股东作为所有者，最关心自己资产的安全和增值，他们天然地具有把自己认为最合适的人选推上董事职位，或把自己认为不称职的人从董事职位上拉下来的责任心；而股东大会中的一股一票制又为这种责任心的充分展现提供了一个精妙的制度安排。

在通常情况下，董事会由董事长召集和主持，实行集体决策，采取一人一票和简单多数通过的原则。其主要职责是执行股东会决议，决定公司的生产经营和任免公司总经理等。就权力的实际形式而言，公司的一切权力应由董事会行使。但董事会的权力边界是受到公司章程限制的，也就是说，董事会的具体权限范围是由股东会划定的或认可的，否则，在该权限范围之外从事活动所造成的损失，由董事会负责。此外，股东会可以否定董事会的决议，直到解散董事会。

3. 公司的监督机构——监事会

监事会是由股东大会选出的公司监督机构，是与董事会并立的，代表股东大会对董事会和经理行政管理系统独立行使监督权的机构。

对公司业务执行机构的检查与监督，与公司中实行的两权分离原则密切相关。由于股东大会这种反映股东意志和利益的公司机构的职权日趋"虚化"，董事会的职权逐渐扩大，为了防止其滥用职权，危害股东利益，客观上就需要对董事会的活动进行必要的监督。但是，股东本身就拥有检查监督权，为何还要常设一个专门的监督机构呢？其一，股份公司的股权可以随时方便地出售，而多数股东（主要是指持有少量股份的小股东）只看重股利多寡，并不是真正关心公司的经营；其二，一般来说，股东们缺乏行使监督职能所应有的知识、才能和经验；其三，股东权表现为表决权，而表决权在一年中行使的时间极少，而董事、经理的经营管理权却是经常行使的，股东权和执行权行使的机会很不对称，致使股东难以有效地行使监督权；其四，股东们的活动十分分散，且各有其业，无法脱身经常到股份公司行使监督权。

监事会依照法律和公司章程对董事会和经理行使职权的活动进行监督。它有权审核公司的财务状况，保障公司利益和公司业务活动的合法性。为了保证监督的有效和全面，监事会的组成人员即监事不应只限于股东；为了保证监督的独立性，监事不得兼任公司管理职务。

4. 公司的日常经营管理机构——经理机构

经理机构是受董事会委托，代理公司日常经营管理业务的组织机构。经理人员作为公司实际事务的管理人员，一般是指总经理、副总经理、经理、副经理及与其具有类似职能地位的人，如总经济师、总会计师、总工程师等高级管理人员。由这些人组成的业务执行机构是公司业务活动的最高指挥中心。经理机构是公司管理专业化的产物。在公司制度形成早期，股东往往亲自管理公司业务。随着社会化程度的提高、公司规模的扩大和股份的分散化，股东往往难以也不愿过多参与公司的直接管理。于是，就逐渐将公司实际的业务执行权交给了董事会领导下的经理人员。

公司总经理由董事会委任或招聘，在董事会的授权下，对公司的生产经营进行全面领导。经理人员的选任标准主要是看其学识、经验和经营能力，而不以出资多少为取舍条件。因此，从法律角度来讲，不管有无股权和董事身份，都可能成为公司经理。

经理与公司的关系是契约关系，公司对经理的约束有各种规范及监督机制，而对其激励则主要是靠薪金与经营绩效挂钩。经营绩效优劣评判的客观标准，最根本的是盈利率及公司的发展。在这一制度安排下，经理人员与直接生产者之间也就自然形成了一种相互制约的关系：从公司利益出发，前者不得不在严格管理的同时，给后者以各种好处以调动其生产积极性；但从同一动机出发，经理人员又不能给生产者滥施好处，尤其不能不适当地提高其工资待遇。因为工资的上升意味着经营成本的增加，在其他条件不变时，这势必影响公司的利润率，进而会损及经理人员自身的利益。

经理机构作为一种执行业务的职能机构，必须实行经理负责制。即经理同其他成员的关系是领导与被领导、上级与下级、首长与助手的关系，其他成员应由经理提议任命，并必须服从经理的指挥。

（四）现代企业管理制度

1. 公司管理制度的特征

公司管理制度就是有关约束和调整公司经营管理活动中，各种特定经营管理行为方式和关系的行为规则。这种规则可以是管理行为者在管理实践中逐步形成并一致认可的约定俗成的习惯，也可以把这种约定俗成正式规定下来，见诸文字的规章、条例等。从最广泛的意义上讲，经营观念作为指导人们行为的规范，也是一种制度，是一种无形的制度。

公司管理制度就其内容来说是具体的、繁杂的，但其蕴含着并表现出某些一般的特征。这些特征反映了管理的实质、内在的规律性和相互之间的内在联系。公司管理制度的基本特征可以概括为以下四个方面。

（1）公司面向顾客。公司经营，既以顾客为起点，又以顾客为终点，是以满足顾客需要为中心而展开全部活动的过程。公司以满足顾客需要为其经营的宗旨和使命，公司面向顾客设置经营职能机构，公司经营绩效的评价标准是面向顾客。面向顾客是公司经营及整个管理制度基本的特征。

（2）公司生产过程与流通过程的结合。这种结合，不仅是公司经营管理制度的充分体现，而且是公司必须面向顾客和市场经济发展的必然要求。公司生产过程与流通过程的结合，集中表现在公司的经营观念、职能、业务范围和组织上。即在经营观念、职能、业务范围和组织诸方面，充分体现生产过程与流通过程的相互衔接、密切结合。从事生产活动的公司，把流通过程与经营活动结合起来；从事流通的公司，则不把经营局限在单纯的买卖交易范围内，而将生产过程纳入流通的观念。

（3）公司外部环境与内部条件的结合。公司经营，一方面表现为对公司外部环境的调查研究与适应；另一方面表现为对公司内部条件的综合运用与协调，是创造性地把内部条件与外部环境有机结合起来的动态综合平衡过程。这一结合的要求贯穿于公司管理制度中，其内容、程序和方法等是公司管理制度的重要组成部分。

（3）公司整体战略与具体战术的结合。公司经营，既包括对公司整体战略的制定，也包括对具体战术的确定，而且是把整体战略和具体战术结合起来，并统一于公司的经营目标中，这亦是公司管理制度的重要特征。

2.公司管理制度的内容

建立现代企业管理制度，就是要求企业适应现代生产力发展的客观规律，按照市场经济发展的需要，积极应用现代科学技术成果，包括现代经营管理思想、理论和技术，有效地进行管理，创造最佳经济效益。这就要求企业围绕实现企业战略目标，按照系统观念和整体优化的要求，在管理人才、管理思想、管理组织、管理方法和管理手段等方面实现现代化，并把这几个方面的现代化内容同各项管理功能（决策、计划、组织、指挥、协调、控制和激励等）有机地结合起来，形成完整的现代化企业管理。

现代企业管理制度一般包括以下几个方面的内容。

（1）具有正确的经营思想和能适应企业内外环境变化，推动企业发展的经营战略。战略管理是企业现代化管理的重要内容。现代企业所处的经营环境多变，制定战略，强化战略管理，是企业在市场中立于不败之地的重要保证。正确的经营思想是优化战略的先导。因此，必须树立质量第一观念、市场观念、竞争观念、金融观念、时间与信息观念、以人为中心的管理观念，以及法制观念。

（2）建立适应现代化生产要求的领导制度。企业领导制度是关于企业内部领导权的归属、划分以及如何使用等所做的规定，建立科学完善的企业领导制度，是搞好企业管理的一项最根本的工作。现代企业领导制度应该体现领导专家化、领导集团化和领导民主化的管理原则。

（3）拥有熟练地掌握现代管理知识与技能的管理人才，并拥有良好素质的职工队伍。

（4）有一套符合本企业特点、保证生产经营活动高效运行的组织机构和管理制度。

（5）在生产经营的各个环节普遍、有效地使用现代化管理方法和手段，建立比较完善的电子计算机管理信息系统，推进计算机集成制造系统（CIMS）等现代化管理。

（6）建设以企业精神、企业形象和企业规范等内容为中心的企业文化，培育良好的企业精神和企业集体意识。

第二节　管理理论

一、管理的含义、职能和性质

（一）管理的含义

自从人类以群体的形式参加活动以来，协调和组织工作就必不可少。从这个意义上讲，管理是与人类历史共存亡的。从原始人集体狩猎活动到当代各种组织全体的运作，无不渗透着管理的灵魂。

什么是管理？从科学的角度给管理下定义，则是仁者见仁、智者见智。按照《世界百科全书》的解释："管理就是对工商企业、政府机关、人民团体，以及其他各种组织的一切活动的指导。它的目的是要使每一行为或决策有助于实现既定的目标。"这就是说，管理的概念涉及广泛的领域，既政府机关、企事业单位、科研机构、学校、军队等凡是人群共同活动的单位，都需要管理，以指导人们完成和达到共同的目的。

西方各个管理学派，按照其各自的管理理论对管理的概念有不同的解释。有人认为，管理是一种程序，通过计划、组织、控制和指挥等职能完成既定目标。

有人认为，管理就是决策。决策程序就是全部管理的过程，组织则是由作为决策者的个人所组成的系统。

"管理就是领导"，则强调管理者个人的影响力和感召力对管理工作的重要意义。

也有人认为，管理就是做人的工作，它的主要内容是以研究人的心理、生理和社会环境影响为中心，激励职工的行为动机，调动人的积极性。

综合各种观点，我们认为，对管理比较系统的理解应该是管理是管理者或管理机构，在一定范围中，通过计划、组织、领导和控制等工作，对组织所拥有的资源（包括人、财、物、时间和信息）进行合理配置和有效应用，以实现组织预定目标的过程。这一定义有四层含义：第一，管理是一个过程；第二，管理的核心是达到目标；第三，管理达到目标的手段是运用组织拥有的各种资源；第四，管理的本质是协调。

（二）管理的职能

管理是一个过程，这一过程中管理的职能一般可以划分为计划、组织、领导和控制四个方面。

1.计划

计划职能是指企业确定未来活动目标和规定实现目标的途径和方法。换句话说，计划主要解决两个基本问题：一是干什么，二是怎么干。计划为企业设计了一个行动蓝图，企业的其他一切工作都是围绕如何实现这一蓝图而展开的。计划的正确与否对企业活动的成败起着决定性的作用。因此，计划是企业管理的首要职能，是从现在通向未来的桥梁。

计划的内容非常丰富，包括研究和预测未来的变化、确定目标和方针、制订和选择方案、做出决策、编制并落实计划。决策是计划的灵魂，是计划职能的核心内容。

2. 组织

组织职能是指根据企业的目标和计划，对执行计划的各种要素及其相互关系进行配置、协调和组合，使计划任务得以落实。

组织既是一种结构，又是一种行为，可以分为静态组织和动态组织两个方面。静态组织是对组织形态而言的，它以提高组织效率为目标，研究组织机构的设置、职责、权利的规定及规章制度的确立；动态组织是针对组织具体的动作而言的，它以人际和谐为目标，研究组织行为的变化、组织机构的变革和发展。

3. 领导

领导职能是一种影响并感召人们和群体去追求某些目标的行为与过程。虽然管理者的任务不仅仅是领导，但有效的领导是管理成功的关键。领导的实质体现在感召和追随上，也就是说，领导者的感召力和人们的追随意愿使一个人能成为领导人。人们愿意追随那些能满足他们需要和要求的人；领导者也要在了解人们的需要和要求，以及激励的前提下，运用所拥有的权力影响和感召人们实现组织的目标。因此，领导职能的内容是激励、引导、指导、促进和鼓励。领导是管理的诸种职能中最富有挑战性和艺术性的职能。

4. 控制

控制职能是根据目标和标准，对企业活动进行监督和检查，以消除实际和标准的差异，保证计划目标的实现。控制是一项规范性、技术性很强的职能。控制的过程包括制定控制标准、衡量实际结果、分析比较差异以及采取措施纠偏。控制的目的在于保证企业实际活动同预期的目标相一致。

（三）管理的性质

1. 管理的二重性

管理的性质是两重的，这是马克思主义管理理论的主要内容，是研究资本主义管理科学、建立社会主义管理科学的理论基础和基本出发点。

马克思认为，任何社会的管理都具有两重属性——自然属性和社会属性。"指挥劳动"是同生产力直接联系的，是由共同劳动的社会化性质产生的，是进行社会化大生产的一般要求和组织劳动协作过程的必要条件，它表现了管理的自然属性。"监督劳动"是同生产关系直接相联系的，是由共同劳动所采取的社会结合方式的性质产生的，是维持社会生产关系和社会生产目的的重要手段，它表现了管理的社会属性。

管理的二重性是相互联系、相互制约的。一方面，管理的自然属性不可能孤立存在，它是在一定的社会形势、社会生产关系条件下发挥作用的；同时，管理的社会属性也不可能脱离管理的自然属性而存在。否则，管理的社会属性就会成为没有内容的形式。另一方面，管理的二重性又是相互制约的。管理的自然属性要求具有一定的"社会属性"的组织形式和生产关系与其相适应；同样，管理的社会属性也必然对管理的科学技术等方面发生影响或制约作用。马克思关于管理二重性的理论，是指导人们认识和掌握管理的特点和规律，实现管理任务的有力武器。只有认识和掌握管理二重性的原理，才能分清资本主义管理和社会主义管理的共性和个性，正确处理批判与继承、学习与独创、吸收外国管理经验与结合中国实际之间的关系，实事求是地研究和吸收外国管理中有益的东西，做到兼收并蓄、洋为中用。

2. 管理是科学性与艺术性的统一

经过近百年的探索、研究和总结，已经开始形成比较系统的科学管理理论，它们反映了管理工作中的客观规律，掌握和应用管理理论，就有可能针对管理实践中存在的问题找到正确可行的解决办法，提高管理决策的有效性。当然，与自然科学相比，管理学还只是一门不精确的学科（也不能成为一门十分精确的学科）并不能为管理者提供解决一切问题的标准答案。另外，管理作为一项实践活动需要有一系列根据实际情况形成的经验、诀窍和准则。因此，管理工作者在管理实践中必须以基本的管理理论和管理方法为基础，结合实际，对具体问题进行具体分析，以求得问题的解决，实现组织目标。而死搬书本知识，硬套现成模式往往会遭到惨败。从这个角度来看，管理又是一门艺术，即利用系统化的科学管理知识，并结合实际情况发挥创造性的艺术。科学性和艺术性是管理互相补充的两个方面；管理是科学性和艺术性的有机统一体。

3. 管理学是一门应用性很强的综合性学科

管理学是一门以指导管理实践活动为目的、以系统化的科学管理知识为内容的学科，是对管理活动的内容、方式和方法的概括和总结。现实经济活动的复杂性决定了管理活动的复杂性，为了有效地指导管理实践活动，一方面要求管理学必须具有很强的应用性；另一方面，由于管理活动的内容十分丰富，因而管理学的研究范围也十分广泛。管理活动的复杂性和多样性决定了管理学内容的综合性。实际上，管理学是一门介于自然科学和社会科学之间的交叉学科和综合学科。它不分门类，在人类已有的知识宝库中广泛收集对自己有用的东西，并加以拓展，以更好地指导人们的管理实践活动。鉴于这一点，学习和研究管理科学的人及从事管理实践的管理工作者，一般需要较宽的知识面和综合型的知识结构。

二、企业管理的任务、内容及趋势

（一）企业管理的概念

所谓企业管理，就是指企业管理者按照客观规律的要求，对企业的生产经营活动进行计划、组织、领导和控制，以创造和维护有利的企业环境，实现企业的经营目标。应从以下几方面理解企业管理的含义。

1. 管理的客体是企业的生产经营活动

企业的活动多种多样，归纳起来可分为两类：一类是企业内部的生产活动，另一类是涉及外部的经营活动。企业管理就是对包括生产活动与经营活动在内的生产经营活动所进行的管理。因此，管理的客体就是企业的生产经营活动。

2. 管理的主体是企业管理者

谁是企业管理的主体，是由企业性质决定的。在资本主义企业中，管理的主体是资本家及其代理人；在社会主义企业中，管理的主体是企业全体职工及其代表。社会主义企业的管理人员必须行使管理职能，生产工人也从事一定的管理活动。

3. 管理的目的是实现企业经营目标、提高经济效益

管理的性质和功能决定了管理本身并不是目的，而是实现一定目的的手段。社会主义企业管理的目的，就是创造与维护有利的企业环境，实现企业的经营目标，取得尽可能好的经济效益。

4. 管理的职能是计划、组织、领导和控制

管理者从事管理活动，必须借助一定的管理职能。企业管理的职能可概括为计划、组织、领导和控制。离开了这些职能，企业的生产经营活动就无法正常进行，管理的目的也无法实现。

5. 管理的依据是企业管理的客观规律性

管理是人的主观行为，而主观行为必然要受客观规律的制约。要实现管理的目的，达到预期的效果，就必须尊重管理的客观规律。

（二）企业管理的任务

1. 合理组织生产力

合理组织生产力是企业管理最根本的任务。合理组织生产力有两个方面的含义：一是使企业现有的生产要素得到合理配置与有效利用。具体来说，就是要把企业现有的劳动资料、劳动对象、劳动者和科学技术等生产要素合理地组织在一起，恰当地协调它们之间的关系和比例，使企业生产组织合理化，从而实现物尽其用、人尽其才。二是不断开发新的生产力。首先，不断改进劳动资料，并不断采用新的更先进的劳动资料；其次，不断改进生产技术，并不断地采用新的技术来改造生产工艺、流程；再

次，不断地发现新的原材料或原有原材料的新的用途；最后，不断对职工进行技术培训，并不断地引进优秀的科技人员与管理人员。

2. 维护并不断改善社会生产关系

一方面，企业管理总是在某种特定的社会生产关系下进行的，一定的社会生产关系是企业管理的基础，从根本上决定着企业管理的社会属性，从全局上制约着企业管理的基本过程。因此，企业管理的重要任务之一就是维护其赖以产生、存在的社会生产关系。另一方面，由于生产关系具有相对稳定性，在相当长的一个历史阶段内，其基本性质可以保持不变，而生产力却是非常活跃、不断变革的因素，必然会要求原来的生产关系在某些环节、某些方面进行调整、改善，以适应生产力不断发展的需要。

（三）企业管理的内容

企业管理的内容是随着商品经济的发展而不断变化与扩充起来的。在商品经济尚未高度发达的条件下，企业在市场上处于主导地位，企业管理的内容是以生产为中心的，主要职能是对企业内现场生产与成本耗费进行组织、协调与核算。随着商业经济的高度发展，企业在市场上的主宰地位被消费者所取代，经营的职能日益重要并被人们所重视。企业管理的内容自然地延伸到研究市场需要、制定经营战略、开发适销对路的产品、实施有效的销售策略并为用户提供满意的服务等方面，从而使企业管理的内容发展成生产管理和经营管理两大部分。

生产管理具有明显的内向性特点。它是以生产活动为对象，其基本任务是充分利用企业内部的各项资源和条件，用最经济的方法和高效率的生产活动，按照预定的计划生产出质优价廉的产品。基本内容包括生产组织、劳动组织、生产技术准备、设备的有效使用与维修、生产进度与控制、物资消耗与库存控制、质量控制与管理及产品成本控制等。

（四）企业管理的发展趋势

1. 企业创新管理将越来越受到重视

在跨世纪的年代，满足现状就意味着落后。企业要生存和发展，就要不断地创新。现代企业家精神，说到底就是要树立市场竞争观念和风险经营观念，善于将企业资源转化为经营优势，提高企业的创新应变能力，以在急剧的外部环境变化中，把握开拓市场的主动权。

2. 企业"软件"管理将更加系统化

现代企业管理的系统模式是由战略、结构、制度、技巧、人员、作风及共同价值观七方面组成的，简称"7S"模式。在此模式中，战略、结构和制度是管理的"硬件"，它适用于一切企业的管理；而人员、作风、技巧和共同价值观则是管理的"软件"，不同的企业，有不同的"软件"。未来企业管理的重点，就是要提高"软件"管理的水平。

3. 企业战略管理将强调目标的创新

现代企业经营管理是一种实现企业预期经营目标的管理，主要是谋求企业发展目标、企业动态发展与外部环境的适应性。而战略管理是一种面向未来的、以强调创新为目标的管理，它谋求的是，既要适应外部环境变化，又要改造和创造外部环境，并努力用企业的创新目标来引导社会消费，促使企业不断地成长和发展。

4. 企业权变管理将更加灵活和精细

在现代管理中，X 理论过分强调对人的行为的控制，结果形成家长式管理，严重束缚了职工的创造性和积极性；Y 理论则过分强调人的行为的主动性，结果形成放任式管理，缺乏统一的协调和组织。未来企业管理的发展将实行一种宽严相济的权变管理，能因人、因时和因地随机采用各种各样的方式进行管理，使企业管理中一方面控制得很严，另一方面又允许甚至坚持从下级的普通职工起，都应享有自主权，且富于企业家精神和创新精神。

5. 开放式面对面的感情管理

面对面管理是以走动管理为主的直接亲近职工的一种开放式的有效管理。它是指管理人员深入基层，自由接触职工，在企业内部建立广泛、非正式和公开的信息沟通网络，以便体察下情、沟通意见，共同为企业目标奋斗。这种走动管理充溢着浓厚的人情味。其内容外延广阔，内涵丰富，富于应变性、创造性，以因人、因地和因时制宜取胜。实践证明，高科技企业竞争激烈、风险大，更需要这种"高感情"管理。它是医治企业官僚主义顽症的"良药"，也是减少内耗、理顺人际关系的"润滑剂"。

6. 未来企业管理的"三中心""两方面"

虽然现在还很难描述将来的企业管理模式，但从发达国家现代经营管理的"三个中心"和"两个基本方向"，可以洞察将来的管理模式。"三个中心"，是以市场为中心的、明确的目标和策略，以人为本的价值观和企业文化，以效率和效益为中心的一套不断变化的制度和措施。"两个基本方向"，是开放与合作。

7. 企业管理将更善于借用外脑

未来企业的经营管理，在面对外部环境剧烈变化的挑战下，已不能完全依靠企业内的管理人员做出正确的决策，而必须借助外部力量，特别是借助对企业的生产、技术、经营和法律等方面有专长的专家和顾问，为企业提供经营管理方面的咨询服务，在企业界形成以咨询为主的企业智囊团。

三、管理者的类型和技能

（一）管理者的定义

何为管理者呢？美国学者德鲁克曾给管理者下了一个定义：在一个现代的组织里，

一位知识工作者如果能够因为他的职位和知识，对该组织负有贡献的责任，因而能实质地影响该组织的经营及达成成果的能力者，就是一位管理者。他还指出，这样的一位管理者，不可仅以执行命令为满足，还必须做决策。他负有做贡献的责任。他既然具有知识，便应该较别人具有更好的做正确决策的能力。只要他一天身为管理者，他就不能忘记他的目标、他的标准和他的贡献。

德鲁克的定义基本上概括了管理者的因素，即管理者居于某一权力职位，拥有专门的管理知识，具备一定的管理能力，负有某种管理职能，从事管理决策，为组织做管理贡献。据此，可将管理者简要表述为：凡在组织中居于某一权力职位，运用自己的管理知识和能力进行决策，为协调组织的活动做管理贡献的人，即为管理者。

正确理解管理者含义，必须弄清楚下列问题。

（1）管理者的基本功能在于决策与协调。管理者面对的是纷繁复杂的组织活动，要对组织活动的未来行为进行选择，管理者首要的功能就是决策。为使决策方案得以有效地实施，管理者还必须从事大量的协调活动。而协调的核心便是对人际关系的处理和对人的激励。如果说管理者的基本功能在于决策和协调，那么管理者的辅助功能便是用人和激励。

（2）管理者的权威是职位权力和个人威信的统一。管理者的权力是一种由权力职位所产生的支配力量。在一般情况下，管理权力具有强制性，它是确保管理者履行管理职能的必要条件，但是管理者能有效地履行管理职能，还必须具有个人威信。管理者的威信是管理者以良好行为影响和促使管理对象自觉服从管理权力的一种精神力量。管理者只有职位权力，并不能实现其有效的管理。只有同时具备职位权力与个人威信的管理者才能成为有效的管理者。因此，管理者的权威可以概括为：权威＝权力＋威信。

（3）管理者的威信源于他本人的品德、知识、才能和情感。管理者的威信既不是自封的，也不是上级授予的，而是来源于自身良好的品德、丰富的知识、卓越的才能和炽热的情感。管理者具备了上述品质，才会使人感到亲切，受到人们敬佩，就能成为一种无形的、巨大的力量，一种感染力和诱惑力，使下属心悦诚服。

（4）管理者履行管理职能的根本目的，在于确保组织目标与个人目标的一致性，为实现组织的特定目标做出管理贡献。管理活动既包括对人的管理，也包括对物的管理，但其本质是对人的管理。管理者面对的是组织成员，是有着个人目标和群体目标的有机体，为了实现组织的特定目标，管理者要善于正确处理个人和组织目标的关系，把组织成员的个人目标纳入组织目标之中，使被管理者从组织目标的实现中看到自己的价值和利益。

（二）管理者的类型

一个组织中从事管理工作的人员可能有很多，可以按照不同的分类标准进行分类。

1.按管理的专业化和管理的过程分类

按管理的专业化和管理过程的阶段性，管理者一般可分为四种类型：咨询管理者、决策管理者、指挥管理者和职能管理者。

咨询管理者是在企业管理过程中计划的前期阶段工作的管理者。咨询管理者的工作：一是根据企业外部信息，对企业未来发展趋势做出科学预测，为企业决策管理提供咨询意见；二是根据企业有关部门提出的关于企业未来与发展的课题，综合分析企业内外的各种信息，拟订各种方案，进行方案论证。咨询管理者活动的特征：他不直接管理企业生产经营的具体活动，而是潜心研究企业未来发展的问题。咨询管理者提供的预测意见和决策方案只有被决策管理者采纳后，才能转变为企业的战略决策，指导企业发展。

决策管理者是在企业管理过程中计划的关键阶段工作的管理者。在一般情况下，企业最高管理者即经理或厂长就是决策管理者。在一些大型企业中，决策管理者是一个集团，如企业的董事会。咨询管理者提供的决策方案被决策管理者经一定程序采纳后，有时还要进行必要的修改或补充，才能形成企业战略决策。企业战略决策是指导企业发展的具有方向性、全局性和长期性的决策，是指导企业实践活动的原则、计划和命令。

指挥管理者是在企业管理过程中的领导组织阶段工作的管理者。决策管理者输出企业战略决策的信息后，需要以厂长为首的生产组织系统组织实施。由厂长、分厂厂长、车间主任、工段长所组成的直线指挥首领的链条，即为指挥管理者。指挥管理者的基本任务就是根据企业战略决策做出本部门的战术性决策，然后组织实施。

职能管理者是在企业管理过程中的控制阶段工作的管理者。企业各职能科室的负责人就是职能管理者。他们根据企业战略决策，通过自己的专业管理系统，输出决策信息，控制生产情况，促进生产部门的活动协调发展，保证实现企业战略决策。职能管理者是同级指挥管理者的参谋，为指挥系统提供业务协助与指导，控制与协调指挥系统的活动情况，但不可直接进行命令与指挥。

上述四种类型的管理者既相互独立，又相互依赖，共同完成管理的四大职能。

2.按管理者所处的组织层次分类

管理者以其在组织中所处层次的不同，可以分为高层管理者、中层管理者和基层管理者。

高层管理者的主要职责是对整个组织的管理负有全面责任，并侧重于负责制定组织的大政方针、沟通组织与外界的往来联系等。他们的决策是否正确、职权的运用是否得当，直接关系到整个组织的成败。如工厂厂长、医院院长、商店经理、大学校长等都是高层管理者。

中层管理者的主要职责是贯彻执行高层管理者所制定的重大决策，并监督和协调基层管理者的工作。他们在组织中起承上启下的作用，对上下信息沟通、政令通行等均负有重要的责任。如车间主任、商店部门负责人、系主任等都属于中层管理者。

基层管理者的主要职责是直接指挥和监督现场作业人员，保证上级下达的各项计划和任务完成。基层管理者又称第一线管理人员，是组织中处于底层的管理人员，直接与具体的作业人员打交道，是整个管理系统的基础。如车间班组组长、领班、教研室主任等。

上述三个不同层次的管理人员，在行使管理基本职能（计划、组织、领导和控制）时的侧重点有很大的差异。一般来说，不同的管理层次花在不同管理工作上的时间比例是不一样的。一般而言，高层管理人员花在组织工作和控制工作这两项职能上的时间要比基层管理人员多些，而基层管理人员花在领导工作上的时间则要比高层管理人员多一些。管理人员所处的层次越低，就越关注具体的战术性工作；所处的层次越高，就越关注关系全局的战略性问题。而且，他们所行使的基本职能的内容也有很大的不同。例如，就计划工作而言，高层管理人员关心的是组织整体的长期战略规划，中层管理人员侧重中期、内部的管理性计划，基层管理人员则更侧重短期作业计划。

3. 按管理者所从事的管理工作领域分类

按照所从事的管理工作领域和性质的不同，可以把管理者划分为综合管理人员和专业管理人员两大类。

综合管理人员是指负责管理整个组织或组织中某个事业部的全部活动的管理人员。对于我国的传统企业和一般的中小型企业来说，可能只有一个综合管理者，那就是厂长或总经理。他管理着该组织内包括生产、营销、财务、投资、人事、公关和研究开发等在内的全部活动。而对于那些大型组织（企业集团或跨国公司等）来说，可能会按产品类别或地区设立分部或分公司，这时，这些组织的综合管理人员就包括集团（或公司）的总裁（或总经理）和分部或分公司的总经理，他们分别管理着总部和分部的全部活动。

专业管理人员是指那些专门负责组织中某一类活动或职能管理的管理人员。根据这些管理人员所管理的专业领域性质不同，可具体分为生产部门管理者、营销部门管理者和财务部门管理者等。我国传统企业一般分设各专业副厂长及相关科室，他们都是专业管理人员，如主管人事的副厂长及人事科的管理人员、主管销售的副厂长及销售科里的管理人员等。在现代公司制企业中，常常在不同的职能部门分设生产经理、营销经理和财务经理（或财务主管）等，这些经理和下属管理人员因其只负责某一类活动或职能的管理工作，故都是专业管理人员。

（三）管理者的技能要求

每一位管理人员都在组织中从事某一方面的管理工作，都行使一定的权利并承担相应的责任。管理是否有效，在很大程度上取决于管理人员是否真正具备了一名管理人员必须具备的管理技能。通常而言，作为一名管理人员，应该具备的管理技能主要包括技术技能、人际技能和概念技能三大方面。

1. 技术技能

所谓技术技能，是指使用某一专业领域内有关的工作程序、技术和知识完成组织任务的能力。虽然管理人员不必像专业技术人员那样掌握精深的专业知识和技能，但还是要了解并初步掌握与其管理领域相关的基础知识和技能，否则就很难与他所主管的领域内的专业技术人员进行有效的沟通和相互理解。对于基层管理人员来说，技术技能尤为重要，因为他更经常与下属作业人员打交道。因此，基层管理人员必须具备一定的技术技能才能更好地指导和培养下属，才能成为受下属尊敬的有效管理者。

2. 人际技能

所谓人际技能，就是指处理组织内外各种人际关系的能力。它不但包括领导能力，而且包括处理好与上级、同事及组织内外其他相关人员关系的能力。它要求管理者了解和尊重别人的感情、思考方式和个性，能够敏锐地察觉到别人的动机和需要，掌握评价和激励员工的技术和方法，从而在和谐的人际关系中，最大限度地调动员工的积极性，实现组织目标。

3. 概念技能

所谓概念技能，是指对事物整体及相关关系进行认识、洞察、分析、判断和概括的能力。它要求管理人员能够正确、迅速地看到组织的全貌，了解组织内部及组织与外部环境之间各相关事物之间的关系，找出关键性的影响因素，抓住问题的实质并果断地做出正确的决策。管理人员所处的层次越高，其概念技能就越重要。

上述三种技能是所有管理人员都必须具备的。不过，管理人员所处的层次不同，所需要的技能亦有所区别：越是基层管理者越需要具备技术技能，越是高层管理者越需要具备概念技能，而各个层次的管理者都需要具备人际技能。

四、管理理论发展简史

管理理论是指导管理人员从事各种管理活动的路标和蓝图，它是由一系列观念和观点组成的知识体系，是人们对管理活动中发生的各种关系的认识的总和。它从无到有、从萌芽到相对成熟，经历了一个相当长的历史时期。其发展过程可大致分为四个阶段：传统管理理论阶段、科学管理理论阶段、行为科学理论阶段和现代管理理论阶段。当然，这四个阶段的划分只是为了理论研究的方便，并不意味着各个阶段的管理理论是截然分开的。

（一）传统管理理论阶段

传统管理理论阶段始于 18 世纪 80 年代的工业革命，止于 19 世纪末，其间经历了 100 多年的时间。在 18 世纪末期，随着资本主义工厂制度的出现，劳动分工和专业化生产日益加强，企业中的管理问题越来越受到人们的重视，从而产生了一些管理思想的火花。

但是由于这一时期生产力水平低下，生产规模还很小，企业管理的特点主要是凭借资本家及其代理的个人经验进行管理，工人也是凭借自己的工作经验进行操作，缺乏统一的操作规程和严格的管理制度。因此，这一阶段还处于企业管理的初级阶段，还没有形成真正的管理理论。

这一时期的主要代表人物和理论有：亚当·斯密关于劳动分工的分析；被称为"人事管理之父"的英国空想社会主义者罗伯特·欧文关于减轻劳动强度、改善劳动条件的管理实践；查尔斯·巴贝奇对工作方法和报酬制度的研究等。

（二）科学管理理论阶段

随着自由资本主义向垄断资本主义的过渡，企业的生产规模日益扩大，对管理提出了更高的要求。这样，各种新的管理理论纷纷涌现。管理科学由传统管理理论阶段推进到科学管理理论阶段。

科学管理理论形成经历了 19 世纪末至 20 世纪 30—40 年代这段时间。这一阶段的主要理论成就如下：（1）美国的泰罗等人以研究工厂内部生产组织方法科学化和生产程序标准化为对象的科学管理理论；（2）法国的法约尔等人以企业整体为对象提出的关于管理职能和管理原则的一般管理理论；（3）德国的韦伯等人以组织结构为研究对象提出的古典组织理论。

1. 泰罗和他的科学管理理论

泰罗 1856 年出生于美国的宾夕法尼亚州，毕生致力于研究如何提高效率。他于 1911 年发表的《科学管理原理》一书，奠定了科学管理理论的基础，他本人也因此被西方管理学界誉为"科学管理之父"。其理论的主要内容如下。

（1）科学管理的中心问题是提高效率。

（2）为了提高效率，必须贯彻"标准化原理"，即通过动作研究和时间研究，使工人使用标准化的工具、机器和材料，掌握标准化的操作方法，在标准化的环境中进行工作。

（3）实行刺激性的计件工资报酬制度。

（4）把计划职能同执行职能分开，变原来的经验工作法为科学工作法。

（5）实行职能工长制，即将管理工作进行细分，使所有的管理者只承担一种管理职能。

（6）在组织机构的控制上实行例外原则。所谓例外原则，是指企业的高层管理人员把例行的一般日常事务授权给下级管理人员去处理，自己只保留对例外事务的决策和监督权。

2. 法约尔和他的一般管理理论

与以企业内部具体工作的作业效率为研究重点的泰罗不同，生于 1841 年的法国工程师法约尔把企业作为一个整体加以研究，《工业管理和一般管理》是其代表作。他的主要管理理论如下。

（1）企业的基本活动。法约尔认为，任何企业都存在六种基本活动，分别是技术活动、商业活动、财务活动、安全活动、会计活动和管理活动。

（2）管理职能。在上述基本活动分类的基础上，法约尔重点分析了第六类活动，并提出了管理的五项职能，分别是计划职能、组织职能、指挥职能、协调职能和控制职能。

（3）14 条管理原则。法约尔根据自己的工作经验，归纳出简明的 14 条管理原则：劳动分工、权力和责任、纪律、统一指挥、统一领导、个人利益服从整体利益、人员的报酬、集中、等级层次、秩序、公平、人员稳定、首创精神和团结精神。

3. 韦伯和他的古典组织理论

马克斯·韦伯是德国著名的社会学家，在管理学上的主要贡献是提出了理想的行政组织理论体系，因而被称为"组织管理之父"。他认为，理想的行政组织体系至少要做到：组织的成员之间有明确的分工；要有明确的等级结构；组织成员的任用必须一视同仁，严格掌握标准；组织内部的任何人都必须遵循共同的法规和制度；组织内部人员之间的关系是工作与职位的关系，不受个人情感的影响。只有达到上述条件的组织体系才具有稳定性、纪律性和可靠性，才能高效运行。

（三）行为科学理论阶段

科学管理理论用科学管理代替单纯的经验管理，在管理理论的发展史上是一个巨大的进步，但它也存在片面强调组织形式而忽视人的社会性的缺点。兴起于 20 世纪 30 年代的行为科学理论就是针对科学管理理论的缺陷而提出的一种管理理论。它的特点是力图克服科学管理理论的缺点，从社会学、心理学和人类学的角度出发，强调人的需要及人的相互关系对生产经营活动的影响。行为科学理论是对科学管理理论的重要补充，它既可以看成管理理论发展史上的一个重要阶段，又可以看成现代管理理论的重要组成部分，其核心是梅约的人际关系理论。

1. 梅约及霍桑实验

埃尔顿·梅约被认为是人际关系理论和工业社会学的创始人。他曾经领导的著名的霍桑实验在管理理论中占有十分重要的地位。1924 年，美国国家科学院的全国研究委员会开始在西方电气公司的霍桑工厂进行研究工作，以确定与工人生产效率有关的各项因素。按照科学管理理论，工作环境与物质条件应该与工人生产效率成正比，但实验的结果却无法证明这一结论。1927年，梅约应邀参加并指导霍桑实验。经过数年研究，取得了一系列重要成果。梅约在这些实验结果的基础上发表了他的代表作《工业文明中人的问题》和《工业文明中的社会问题》，总结出了构成人际关系理论的一些重要观点。

（1）工人是社会人。科学管理理论把人当作"经济人"来看待，认为金钱是刺激人的积极性的唯一动力；霍桑实验则表明人是"社会人"，工人并不仅仅追求物质利益，还追求人与人之间的友情、归属感和受人尊敬等。

（2）企业中存在"非正式组织"。梅约认为，企业中除了存在"正式组织"之外，还存在"非正式组织"，科学管理理论只看到前者而忽视后者。梅约认为，不管是否承认，任何组织中都必然存在非正式组织，它与正式组织相互依存，并且通过影响工人的工作态度来影响企业的生产效率和目标的实现。因此，管理人员必须重视非正式组织的存在。

（3）生产效率主要取决于职工的态度及他和周围人的关系，新型的领导能力在于提高职工的工作满意度。为了提高职工的工作满意度，企业的管理者不仅要具有解决技术、经济问题的能力，为职工提供舒适的工作环境，而且要具有与职工建立良好人际关系的能力。为此，就要改变传统的领导方式，使职工有机会参与管理，建立良好的人际关系。

2. 从人际关系学说到行为科学理论

梅约的人际关系学说引起了管理学界的很大震动，此后，很多人投身于这方面的研究，许多管理学家、社会学家和心理学家从各种角度展开了对人的行为的研究，形成了一系列的理论，使行为科学成为现代管理理论的一个重要流派。

所谓行为科学，是指利用多种学科的知识来研究人类行为的产生、发展和变化的规律，以预测、引导和控制人的行为，达到充分发挥人的作用、调动人的积极性的目的。这一学派的主要理论有马斯洛的"需求层次理论"、赫茨伯格的"双因素理论"、弗鲁姆的"期望理论"、麦克雷戈的"X—Y理论"、布莱克和穆顿的"管理方格理论"等。

（四）现代管理理论阶段

第二次世界大战以后，西方企业的经营环境发生了重大变化，主要表现在以下方面：工业生产迅速增长，企业规模逐渐扩大，国际分工进一步深化，出现了许多巨型跨国公司；技术进步的速度进一步加快，企业之间的竞争日趋激烈；生产的社会化程度不断提高；政府对经济活动的干预范围不断扩大、手段不断增加等。这些变化表明，外部环境对企业的影响越来越重要。在新的形势下，企业在从事生产经营活动时不仅要考虑企业的内部条件，更要研究环境的特点和要求，提高适应外部环境的能力。

显然，过去的管理理论还不能适应新的形势，它们把研究的范围局限于企业内部，或者偏重于工程技术（如科学管理理论）或者专注于人事研究（如行为科学理论）都较少考虑企业的外部环境。为了解决管理理论与管理实践相脱节的矛盾，许多研究人员就企业如何在变化的环境中从事生产经营活动进行了多方面的探索，在此基础上形成了一系列不同的理论观点和流派。美国的管理学家把这种流派林立的现象称为"管理的理论丛林"。现把已经形成并具有重要影响的流派介绍如下。

1. 社会系统学派

社会系统学派从社会学的角度来研究管理，系统论是其理论基础。它把企业组织及其成员的关系看成一种协作的社会系统，其创始人是美国的巴纳德。在巴纳德看来，组织是一个由"两个或两个以上的人有意识地加以协调的活动或效力的系统"。作为一个组织，必须具备三个要素：协作的意愿、共同的目标和成员间的信息沟通。经理人员是组织成员协作活动相互联系的中心，他的基本任务是建立整体组织的信息系统并保持其畅通、保证其成员进行充分协作和确定组织目标。

2. 决策理论学派

决策理论学派是以社会系统为基础，吸收行为科学和系统论的观点，运用计算机技术和运筹学的方法而发展起来的一种管理理论，舒伯特·西蒙是其主要代表人物。其主要观点如下：管理就是决策，决策贯穿于整个管理过程；把决策分为程序化决策和非程序化决策，二者的解决方法一般不同；信息本身以及人们处理信息的能力都是有一定限度的，现实中的人或组织都只是"有限理性"而不是"完全理性"的，决策一般基于"满意原则"而不是"最佳原则"；组织设计的任务就是建立一种制定决策的"人—机系统"。

3. 系统管理学派

系统管理学派用系统论和控制论的观点来考察和研究企业的管理活动，其主要代表人物是卡斯特和罗森茨维克等人。他们认为，组织是由人们建立起来的相互联系并且共同工作着的要素所构成的系统。其中，这些要素可称为子系统。系统的运行效果是通过各个子系统相互作用的效果决定的。组成这个系统中的任何子系统的变化都会影响其他子系统的变化。为了更好地把握组织的运行过程，就要研究这些子系统及它们之间的相互关系，以及它们怎样构成了一个完整的系统。

4. 经验主义学派

经验主义学派主要从管理者的实际管理经验方面来研究管理，他们认为，成功的组织管理者的经验和一些成功的大企业的做法是值得借鉴的。因此，他们重点分析了许多组织管理人员的经验，然后加以概括和总结，找出他们成功经验中具有共性的东西，然后使其系统化、理论化，并据此向管理人员提供实际的意义。这个学派包括许多管理学家、企业高级管理人员和咨询人员，其主要代表人物有彼得·德鲁克、戴尔等。

5. 权变管理学派

权变管理学派是在 20 世纪 70 年代开始形成的一个管理学派。所谓权变，就是具体情况具体分析，根据不同的内外环境情况权衡变通。其核心思想是企业管理要根据内外条件随机应变，不存在一成不变的、无条件适用于一切组织的最好的管理方法，而必须针对不同情况采取不同的方案和方法。权变理论在提出后的几十年内，其理论价值和应用价值日益为管理实践所证实，故而得到越来越多人的支持，成为具有重大影响的管理学派之一。

6. 管理科学学派

管理科学学派认为，管理就是制定和运用数学模型与程序的系统，即通过对企业生产、采购、人事、库存、财务等职能间相互关系的分析，用数学符号和公式表示出计划、组织和控制等合乎逻辑的程序，并求出最优解，以实现企业的目标。从名称上看，凡以管理为研究对象的科学都可称为管理科学，但作为一个学派，它主要是将运筹方法运用于企业管理研究有关问题，所以通常也称作管理的数理学派或运筹学派。

第二章　企业运营资金管理

第一节　企业营运资金管理

一、我国企业营运资金管理存在的问题

（一）流动资金不足

目前，我国企业普遍存在流动资金短缺的情况，面临着营运资金风险。一方面，营运资金作为维持企业日常生产经营所需的资金，与企业经营活动的现金循环密切相关，营运资金不足将直接影响企业交易活动的正常进行。另一方面，企业要扩充规模或者转产经营，也会因得不到必要的资金而一筹莫展。

（二）营运资金低效运营

企业营运资金低效运营的情况十分普遍，主要表现为以下几点。

（1）流动资金周转缓慢，流动资产质量差，不良资产比例较大。应收账款数量普遍增高，平均拖欠时间延长，应收账款中有很大一部分发生坏账的可能性较大。在计划经济向市场经济转轨过程中，由于许多企业对市场认识不足，盲目进行生产，导致产品结构不合理，竞争力差，原材料、产成品、半成品等存货不断积压，占用了企业大量资金。此外，部分企业存货的账面价值大大高于其市价，但高出部分并没有被及时摊入企业成本费用中，造成存货中包含大量"水分"。

（2）应付账款使用率差距大。毕竟，应付账款周转期越短，说明企业的偿债能力越强，无限制延长应付账款周转天数，会降低企业信用等级。但是企业若能在一定期限内有效地使用商业信用这种无息借款，必然会减轻企业的利息负担，增加收益。在我国，由于企业信用体系不健全，部分大企业利用自身的信用优势，过分地依靠应付账款融资，造成应付账款的周转率极低；而小企业由于自身原因，较难获得商业信用；还有一些具备利用商业信用条件的企业却抱着"不欠债"的传统保守观念，放弃了这种无息的资金来源。应付账款融资方式在各企业中没有达到充分而有效的利用，降低

了营运资金的运营效率。

（3）流动资金周转缓慢，迫使企业大量借入流动资金，利息的压力又加剧了企业的亏损状况，使企业营运资金周转呈现恶性循环的局面。

（三）营运资金管理弱化

企业的营运资金管理混乱，缺乏行之有效的管理措施和策略，也是当前企业存在的重要问题之一。

（1）现金管理混乱。流动性最强、获利能力最低是现金资产的特点。现金过多或不足均不利于企业的发展。部分企业，尤其广大中小企业，财务管理机构不健全、财务人员短缺，没有制定合理可行的最佳现金持有量，编制现金预算，并采取有效措施对现金日常收支进行控制。现金管理有很大的随意性，经常出现没有足够的现金支付货款和各种费用或现金过剩现象。这种对现金的粗放型管理模式是不能适应市场竞争趋势的。

（2）应收账款控制不严，资金回收困难。很多企业业务收入的连年增长并没有带来利润的持续增长，主要原因就是同期应收账款数额增长的比例更大，而且账龄结构越来越趋于恶化，经营净现金流量持续为负。

二、完善企业营运资金管理的对策

（一）改善企业外部环境

（1）政府应在明确政企关系、加快企业制度改革的基础上，进一步完善财政体制改革，为企业形成资本积累机制创造宽松的环境。同时，积极推行现代企业制度，充分利用现代企业科学的治理结构，明确各方的责权利，使企业做到彻底的自主理财。企业必须能够真正从其对资产增值的关心上获得增强积累和有效分配投资的内在动力。这样，才能自觉注重资金积累，成为真正意义上的独立经济实体。

（2）规范企业的利润分配。当前有些企业，只注重实惠而不考虑企业的生产发展后劲，以各种名义乱发奖金或用于福利建设，从而挤占生产资金。考虑到流动资金紧张状况，企业的利润分配应坚持积累优先原则，首先满足生产经营需要，然后再将税后利润在投资者之间进行分配。

（二）改变企业经营观念，强化企业内部管理

①认真做好营运资金计划，事先掌握各流动项目和资本支出的变动趋势，预先消除影响营运资金状况的消极因素。②加强营运资金管理的制度建设，做到规范、合理和有序的管理，提高管理层次和水平。③建立营运资金管理考核机制，加强企业内部审计的监督力度。④加强企业财务预算，提高企业运营效率。通过制定预算，不仅有

助于预测风险并及时采取有效措施防范风险，还可以协调企业各部门的工作，提高内部协作的效率。

（三）控制固定资产投资规模，防止不良流动资产

固定资产投资的特点是，一次性全部投入，且占用资金较大，而资金的收回则是分次逐步实现的。固定资产收回是在企业再生产过程中，以折旧的形式使其价值脱离实物形态，转移到生产成本中，通过销售实现转化为货币资金的。这种资金的回收往往是缓慢的。由于投资的集中性和回收的分散性，要求我们对固定资产投资必须结合其回收情况进行科学规划。从而避免出现企业在实际经营过程中过分追求投资规模、扩大生产能力而影响营运资金正常运作的情况。不良流动资产主要是指不能收回的应收款项和不能按其价值变现的积压、变质和淘汰的存货。这些不良流动资产产生的主要原因在于管理问题，并会直接导致营运资金的流失，使企业遭受经济损失。防止不良流动资产的产生应做好以下几个方面工作：产品以销定产，确定货款回收责任制，与信誉好的用户约定回款周期，保证及时收回货款；在会计核算方面采取谨慎原则，按规定提取坏账准备金，以防止坏账的发生；把好物资采购关，防止采购伪劣物资，并做好仓库物资保管工作，及时维护各类物资，防止变质和损坏；合理确定物资储备定额，防止过量储备，根据市场情况及时进行调整，对供大于求的物资，按月需求量订货结算，甚至采取无库存管理。

第二节　营运资金的周转

随着社会经济及全球化进程的不断发展，我国及国际的市场经济竞争越发激烈，这就要求我国企业不断提升各方面的管理、运营能力，增强自身综合竞争力，以面对当下日益增加的竞争压力。而营运资金周转效率作为企业资金管理中的重要组成部分，需要企业负责人不断提高自身运营风险的控制能力，提升并调整企业营运资金周转效率，以实现企业的可持续发展。由于全球化经济的发展，精细化管理因其对企业发展的积极作用，现如今也已被国内的许多学者所关注，且被很多企业管理者运用到工作管理之中，因此本书从精细化管理在提升营运资金周转效率方面的重要性出发，立足于现如今在企业中存在的营运资金周转效率问题，对使用精细化管理提升营运资金周转效率提出了初步的建议。

营运资金即企业流动资产减去企业流动负债后的余额，指的是可供企业进行营业运作、周转的流动资金，可以用于评估企业偿还短期内到期的流动债务的能力，其需求的满足，可以使企业经济效益和综合竞争力得到进一步提升。而营运资金周转效率

意为企业在一段时期内的营运资金周转次数，对其高低的把控对企业盈利能力有着重要影响，如果企业营运资金周转效率过高，可能暗示企业营运资金不足，偿还短期内到期的流动负债能力差，但如果太低的话，也暗示企业投入的营运资金未能取得足够的销售收入，即盈利能力较差。因此，相关负责人应高度重视营运资金周转效率，对其高低进行合理把控，对于过低或过高的原因进行科学合理的分析，以增强企业综合竞争力。基于上述条件，本书对精细化管理运用于控制营运资金周转效率方面的问题进行了分析，以寻求更为合理有效的企业管理模式。

一、精细化管理用于营运资金周转效率中的意义

精细化管理运用于财务管理之中，主要是通过对企业战略目标及财务目标进行分解、细化，最终将每个目标落实到每个环节之中，使企业的战略能够贯彻于每个经营活动之中。其基本要求在于结合企业的实际情况，对现存的问题环节进行分析，并对其进行改善和完善，以促进整个企业的可持续发展。而在营运资金周转效率中的应用，首先，需要管理负责人具有全局性的思维，通过对所有资金的合理利用及对现金流的管理，提升企业营运资金的使用效率，最终形成企业发展的良性循环。其次，通过对所有资金的集中管理，并通过对所有营运资金进行使用计划的制订，以战略目标和财务目标为基础对每一笔营运资金进行具体分配，实现营运资金的合理使用，降低其使用成本，实现其最大效能。最后，由于精细化管理的进行，企业管理者及财务负责人能够对每一笔营运资金的使用都进行跟踪及管理，对每一笔营运资金的使用过程都进行有效的监控，保障了营运资金使用方式能与前期预算、企业战略目标、企业财务目标保持一致。

二、目前企业存在的营运资金周转效率问题

（一）对营运资金的使用缺乏科学合理的计划

面对我国存在的融资困难问题，大多数企业负责人未能对其应对措施进行考虑，并且在现金管理、存货管理、应收账款管理方面，没有制定科学的"最佳现金持有量"，使得投资方式盲目、现金管理随意、存货管理不及时不完整、应收账款风险过高等，导致企业在需要营运资金时却无法获得足够的资金支持。而按照这样的方式下去，使得企业的贷款量不得不增加，提高了资金的使用成本及自身的经营压力，阻碍了企业的可持续发展态势，其根本原因都是企业或财务负责人在对营运资金进行使用和管理时，未能制订合理的计划。

（二）对营运资金的使用缺乏有效的监管、管理机制

我国企业面对日益激烈的市场竞争环境，仍然存在许多的运用粗放式资金管理模式的情况，而在这种粗放式的资金管理模式下，相关负责人都未能建立有效的营运资金监督制度，或已建立监督制度，但其职能却未能被真正发挥出来，并且大多数企业还存在营运资金管理制度缺乏的情况，特别是在面对重大投资时，因资金使用决策制度的缺乏，企业资金的控制与实际情况相脱节，影响了企业对营运资金的控制及变现能力。另外，由于我国企业对资金管理缺乏监督惩罚制度，资金的回笼难以及时到位，且在生产企业中，由于库存的占款过多，资金的沉淀越发严重，营运资金的周转效率也因此下降，影响了企业的盈利能力及其信用水平，阻碍企业的高效发展。

（三）企业负责人对精细化管理理念认知不足

精细化管理作为一种先进的管理理念，在西方国家的市场实践中取得了良好的成绩，但在我国，大多数企业负责人对其的认知程度却严重缺乏，或采取直接套用先进企业的精细化管理模式，未能与自身营运资金管理现状相结合，导致精细化管理的作用难以实现。

三、在营运资金周转效率方面使用精细化管理的建议

（一）提高对精细化管理的认知程度

企业负责人应不断提高自身对精细化管理的认知程度，树立更符合现代化发展要求的管理理念，加强对于战略制定及资金使用计划中对营运资金的考虑，建立健全科学合理的资金管理体系，使企业内外部的所有经济活动都能做到有章可循，避免因投资方式盲目、现金管理随意、存货管理不及时不完整、应收账款风险过高等导致的现金缺乏。对于企业内部的财务人员，企业负责人应加强对其的培训力度，提高其对企业经营运作中各个环节的预算管理能力，保持营运资金链条的持续稳定，保证营运资金的良性循环。

（二）企业营运资金管理应具有资金周转效率管理意识

企业管理者应将企业所有的经营活动作为一个整体，并对此进行通盘考虑，通过对企业的经营作业进行组合安排、对企业全部资产进行盘活及对企业可控制的资源进行整合等方式来提高企业整体的运营效率及资金的周转效率，从而增加企业盈利。

（三）建立合理有效的营运资金监督制度

在精细化管理运用于营运资金管理之中时，需要企业负责人建立更加科学有效的监督制度，对每一项经济活动的处罚机制应该明确合理，并且通过责任制度的建立，将员工的切身利益，即绩效考核，与其制度相结合，提高员工对营运资金监督的积极

性，提升营运资金的周转效率。此外，在监督制度制定后，相关负责人应坚持公平公正、奖惩分明的原则，并且在后期执行过程中，及时地对制度中存在的问题进行纠正和完善。但需要注意的是，对于监督制度的调整需要经过决策层的集体决策同意，否则不可随意进行调整。

（四）加强财务分析，提升风险评估能力

财务负责人在企业战略计划制订完成后，应根据其目标制订出营运资金及各环节的预算方案，并不断提高自身专业性及对潜在风险的判断能力，使得自己或企业负责人能够对企业整体资金链情况及发展情况有一个整体的把控，能够对后期可能出现的风险制订出合理的应对计划，提高企业的生存和发展能力。而在此过程中，财务负责人可以利用更为现代化的信息手段，对营运资金的状况进行自动、定时的收集，提高资金的集中化、精细化管理，对于营运资金分散闲置的情况进行及时处理，避免资金使用效率及周转效率降低。

（五）完善企业内部的控制、审计能力

企业负责人应加强企业内部控制的能力，使员工能够积极参与到营运资金管理之中，还应在企业内部建立专门的审计组织，对营运资金的流向进行定位及跟踪，与财务人员共同对存在的问题进行分析和解决，以优化营运资金的配置，做好资金的安排，避免出现营运资金链断裂的情况，并保证营运资金周转效率在合理范围内，保证其相关信息的合理可靠。

（六）加强企业供应链管理能力

供应链是指围绕核心企业，从采购原材料开始，制成中间产品以及最终产品，最终由销售网络把产品送达消费者手中的一个由供应商、制造商、分销商、最终消费者所连接的整体功能网链结构。供应链管理是通过企业间的协作，谋求供应链整体最优化，成功的供应链管理能够协调并整合供应链的所有活动，最终成为无缝连接的一体化过程。而在营运资金管理中的应用，可以缩短资金周转时间，提高企业资金周转效率，以增加企业盈利，并且提高企业预测能力及协调能力。

企业营运资金作为企业资金管理中的重要环节，其核心在于资金周转效率的管理，对企业的目标利润的实现及可持续发展有着重大的影响。而精细化管理作为先进的管理理念，可以通过对企业经营及运作活动的细化，实现资源占用程度及其管理成本的最大化降低。面对日益激烈的市场竞争环境，相关企业负责人应不断提升企业营运资金的管理能力，结合先进的管理理念，适应现代化进程的发展，以提升自身综合竞争力，将有限的营运资金发挥最大的效用，为企业创造出最大化的经济效益。

第三节　现金管理

改革开放以来，我国的企业形式越发多样化。在以往计划经济体制下，企业的管理模式在众多的竞争中，已经出现了各种各样的问题，更加不适应现代企业发展和现金管理的需求。现金管理观念的落后、管理形式的滞后，使得我国企业的现金管理面临着十分严峻的问题。为了在严峻的企业竞争中赢得企业的发展，必须重视企业的现金管理工作的革新，找出企业发展中存在的现金管理问题，并制定相应的改革措施。

一、企业现金管理的主要内容

企业的现金管理是保障企业正常运行的重要因素，是保障企业运营血脉的纽带。现金，在现代企业的管理中是流动性最强的一种货币融资模式，也是最便捷、最快速实现企业资金管理的手段。现金在现代企业的资产管理中处于十分重要的地位，要想保障企业的正常运行，必须重视现金管理的作用。企业拥有一定的现金对于企业的日常管理、发放员工工资、缴纳各种税费、企业运营的杂费管理费，都是十分便捷的。

企业的现金管理的存量是影响企业进行长远发展的重要因素之一。强劲的现金流量可以加大公司的资产规模，增强投资商的信任度，加大企业投资的概率。现金流量的多少是投资者判断企业活力和经营管理能力的重要参考，也是衡量企业偿债能力的重要标志之一。根据企业现金管理的目标，计算出企业一年内的企业现金流量，找出相对应的区间。可以进行同期或者上一年的现金流量的对比，找出更加合理的企业现金管理模式。企业现金周转率的高低也是影响企业现金管理的一个方面，所谓提高现金的周转率必须从降低现金平均持有量和增加入库现金的销售收入两个方面着手，这两方面缺一不可。对于企业的财务管理人员岗位职责而言，合理地使用现金，增强现金的周转率，是一个企业现金管理的重要内容，也是企业存亡的关键因素。企业资金储备率更加充足，对于企业的融资和债务偿还也十分有利。

二、应对企业现金管理问题的主要对策

（一）增强企业的现金管理意识

企业的现金管理制度是确保企业资金正常运行的重要方面，现金量的多少影响企业的运转。计划经济时代遗留的企业管理观点至今影响着企业的生存和发展以及对待现金管理的态度。现金管理意识的高低也是影响企业现金管理制度发展的重要方面。合理利用企业现金管理制度的意识在员工或者领导中并不盛行，甚至一直被忽视。在

企业现金管理制度的投入中，公司的投入过少及对员工的宣传培训不到位，导致员工的现金管理意识薄弱。企业现金管理的低水平和低效率一直影响企业正常的生产经营。企业的盈利模式不仅仅是从销售环节赚取利润，也是在内部的监管中节省成本，从而使企业更快更好地发展。企业的现金对投资者而言也是一项重要的参考，股东的投资大多数是以现金的方式进入企业，合理进行投资资金的管理对于管理投资的资本也是十分重要的。企业的资产在现金的流动中不断转化，从而获得更好的收益或者为企业的管理做出贡献。在提高企业的现金管理意识方面，可以对员工定时进行现金管理重要性的培训，同时对现金管理缺乏的机制及时进行培训，对企业的领导进行密集的培训，从而让他们了解企业现金流量的重要性。企业现金管理意识需要增强，需要在明确企业现金管理要求的基础上逐步进行。

（二）建立现金管理监督制约机制

企业现金管理制度需要企业内部的监督管理，我们需要改变以前的现金管理方式，从低层次逐渐向高层次发展。不断完善企业的财务管理方式及现金监管制度，是企业发展壮大的基石。低层次的企业现金管理方式需要不断进行优化发展，从而确保现金的正常运行和一切事务的处理，加强企业对日常经营的管控。

我们可以从以下几个方面进行优化：对于企业的领导者而言，我们应当不断地对领导的决策水平进行防控，提高领导者的决策能力及风险防控能力，尽量减少可能遇到的主观上的财务管理决定，从源头上杜绝现金影响公司运营的可能性。

对于财务人员而言，需要正确认识企业财务管理的必要性及提高相应的业务水准。专业的财务管理人员必须在企业进行财务管理的同时及时进行整理比较，从而得出良好的财务管理经验，及时做出合理的决策并进行调整。

（三）制定科学的现金预算目标

科学的现金预算不仅可以帮助企业提前制订公司的发展规划和发展目标，避免工作的无科学性和盲目性。科学的预算管理体制是衡量企业是否具有良好的财务管理体制的重要参考因素。在现金预算中，正确地估算企业的价值和企业的发展路径，对于影响企业的经济效应和预算目标的合理性起着十分重要的作用。在企业进行现金预算调整时，要及时根据每一季度的反馈进行修正，根据企业的实际情况进行预算目标的更改，也是企业实行现金预算的重要作用。企业可以采用滚动预算的方式设定现金管理的预算目标，通过寻找专业的企业管理咨询公司进行合理的管理体制建设。寻找专业的会计管理公司制定合乎公司发展的会计管理制度，重点发展预算制度。我国正处于社会主义市场经济化的决胜时期，必须加快企业的预算管理制度，防范可能出现的风险，才能不断地适应市场的变化。

改革开放以后，我国的企业形式面临着多样的变化，以往单一传统的企业现金管理模式已经不再适应现代企业现金管理的要求。发现企业现金管理的意义，找出现如今企业现金管理出现的问题及背后深层的原因，同时给出相应的建议，是现代企业必须面临或者解决的核心问题。只有这样，才能不断地规范企业的现金管理模式，为我国企业的发展助力。

第四节　应收账款管理

在市场销售中，顾客可以使用现金支付货款也可以使用信用支付，使用信用支付对于销售商来说就形成了所谓的"应收账款"。信用支付一方面可以增大企业在市场中的竞争力，另一方面还可以增大产品在市场中的占有和销售份额，以增加企业的利润额，所以企业在市场销售中通常会采取应收账款这种信用手段及营销策略。然而，虽然应收账款属于企业资产的范畴，应收账款的增加表面上看是企业的资产增加了，但是当企业的应收账款达到一定数目，一方面会影响企业资金周转的灵动性，另一方面还会影响到公司的利润，所以应收账款管理成为很多企业面临的重要问题之一。

一、应收账款的含义及形成原因

（一）应收账款的含义

应收账款是指企业在生产和销售过程中，发生商品销售及提供劳务等服务时，顾客没有采用现金支付而是采用信用支付，因此产生的应收款项。它会因增加销售量从而增加利润，但是如果账款不能及时完整地收回，不但不能增加企业的利润，反而会降低企业利润。

（二）应收账款的形成原因

（1）市场竞争。在应收账款的影响因素中，市场竞争占据主导地位。在现如今经济快速发展的时代，竞争无处不在，同样的质量条件下购买者会比较价格、同样的价格条件下购买者会比较质量。同一种类型的商品，市场上会有许多不同的质量、价格及服务。然而很明显，企业如果想依靠产品的质量和价格在市场中站稳脚跟是很不容易的。因此，越来越多的企业采用赊销手段。这样可以招揽更多客户，扩大销售，增加销售额。然而由赊销产生的应收账款的管理成本也是不可忽视的，这些成本在一定程度上会影响企业的经济效益。

（2）很多企业在管理应收账款时没有明确的规章制度，或者相关的规章制度只是摆设。业务部门经常不及时与财政部门核对，导致销售脱离了清算，隐患不能及时表露出来。在应收账款数目较高的企业，当应收账款不能及时收回时，就会发生长期挂账的现象，影响企业的财务状况。

二、应收账款管理方法

（一）选取资信状况较好的销售客户

影响应收账款回收的主要因素之一是客户的资金和信用状况。假设客户的财务状况比较好，而且一直遵守信用，那么应收账款收回的工作就简单得多。相反，如果客户的财务状况不好，并且信用程度也不高，那么应收账款的收回就会遇到很多的麻烦。由此可见，在条件允许的情况下，企业应该注意对销售客户资信状况的考察及分析。

（二）制定合理的信用政策

为保障良好的经济效益，企业应当对客户的基本情况进行了解，根据客户的经营情况、负债情况、偿还能力及其信用质量来制定合理的信用政策。所以，要根据信用的五大标准，即品行、能力、资产、抵押、条件来综合评价客户信用状况，建立合理的信用政策。

（三）加强应收账款管理

产生的应收账款长期不能收回就成了坏账，会影响企业的实际利润。所以，当应收账款产生时，我们要增强对其控制，尽量使其会产生的成本控制在企业可接受的范围内。收账政策是企业在应对如何及时收回应收账款时所制定的相关政策。企业可以采用现金折扣等催收方式。对于长期无法收回的，可以将其应收账款改为与应收账款相比具有追索权的应收票据。这样可以在一定程度上减少坏账的损失。必要时也可以采取法律手段保护自己的合法利益。

三、应收账款日常管理存在的问题及成因分析

（一）信用标准不合理

很多公司为了在短时间内增加销售额，在还没有对购买方的信用状况进行调查和了解，还不清楚货款是否能够及时收回的情况下就对购买方销售了货物。同时，在采用赊销时，企业没有将自身的资金周转速度和财务状况作为制定现金折扣、信用期限等信用政策的重要参考，而是迁就购买方的情况和要求制定优惠政策。

当购买方没有在预定的信用期限内偿还所欠货款时，企业会打电话或电邮给客户催收欠款，但这样一般都没什么效果，企业仍然无法收回欠款。然后企业会派人去催收欠款，但多数人员在催收过程中稍遇困难就容易放弃，时间长了导致有很多应收账款一直挂在账上，一方面对企业资金的调配有所干扰；另一方面随着时间的流逝，应收账款可能就成了坏账。

（二）企业内部控制存在的问题

在现如今的企业中，内部控制制度不完善是很常见的问题。内部控制不完善对应收账款的管理很不利。在产生应收账款后，企业要及时催收账款，出现应收账款不能及时收回时要通知财务部门，财务人员要做好相关财务处理，将其计入坏账损失来冲减当年利润，尽量降低对企业财务状况的影响。在应收账款发生后，企业要及时地收回，不能及时收回的要记入坏账损失冲减当年利润。但是由于内部控制制度的不完善，再加上财务人员实践能力不是特别高，应收账款的收回能力很有限。时间在推移，发生坏账的可能性也在跟着应收账款数量的增加越来越大。这样，企业的经济效益会受到很大的影响。

大多数企业员工的工资绩效往往与销售量成正比，却没有和应收账款的收回程度挂钩。在这种情况下，销售人员会为了业绩使用先发货后收款的手段，反而不太关心应收账款的收回情况。销售发生的应收账款若没有专门的人员去催收和管理，只会导致越拖越长，严重影响企业的财务状况。

（三）责任划分不明确

企业里每个部门的每个员工都有自己的工作，没有人会主动去管理应收账款。往往等到应账款数目较大的时候才去管理，但是这样又会造成前清后欠的状况。虽然应收账款是销售人员的工作产生的，即使公司规定销售部门承担收款责任，但是由于销售人员的能力是销售而不是收款，所以收款的工作进行也不会很顺利。

（四）企业防范风险意识薄弱

企业采用先发货后付款的模式，可能会减少企业的经济效益。一方面企业缺少对购买方信用的考察和了解，并不能保证购买方会按约定的时间及时付款，也没有对购买方的资产状况进行准确的评估，购买方是否有能力付款或者及时付款都是个未知数；另一方面企业没有对自身的财务状态进行评估，没有去权衡如果应收账款不能及时收回，企业有没有能力去承担这个风险。

四、完善企业应收账款管理的建议

（一）加强技术创新，提高产品质量

一个企业要想在竞争中脱颖而出并站稳脚跟，就需要不断地改革创新，提高产品质量，顺应时代潮流。这就要求企业对市场进行深一步的调查，全面了解现在客户需要的是什么，热衷于什么；同时优化内部体系，加大对技术创新的投入，激发创新思维，提高产品质量，生产顺应时代潮流的产品，提高企业的核心竞争力，这是企业能脱颖而出的关键。当然，企业也要与时俱进，了解国内国外同行业产品的质量，要以优质为标准，与时俱进，坚决做到在质量上不输于其他任何企业，并做好相关售后服务工作。

售后服务对客户在使用产品的过程中带来了极大的方便，也间接地对自己产品的质量做了一些保证。

（二）制定合理的信用政策

无论是单笔的赊销还是多笔的赊销，企业在其发生之前就要对公司的财务状态进行评估，要明确企业能够承担多大的由应收账款带来的风险，而不是迁就购买方制定不利于己的信用政策[①]。

1. 成立资信管理部门

由于公司各部门都是各司其职，所以公司应当专门成立一个资信调查管理部门，专门对购买方的信用情况进行了解，部门的工作人员要独立于销售部门，这样有力地避免了销售人员为了销售量的扩大对购买方进行信用标准的迁就。部门工作人员一方面要进行购买方信用的摸排，查清其信用情况，确保购买方能及时付款；另一方面也要时刻关注购买方资产财务状况，确保在约定时间内购买方有能力付款。如果发现购买方信用或者财务出现状况，要在第一时间通知销售人员，要中断给其供货，然后要求销售人员尽快去收回购买方的前欠货款，防止应收账款的累积。

2. 加强购买方资信的管理

购买方的资信是应收账款是否及时收回的保证，所以企业设立的资信管理部门要对购买方的信用五大标准进行全面的了解。这五大标准分别是品质、能力、资本、抵押、条件。品质是指购买方的信誉程度，也就是购买方会付其应收账款的可能性。能力是购买方所具有的偿还应收账款的能力。资本是一种背景。这种背景是指购买方的财务状况和购买方能否偿还应收账款。抵押是指购买方用于支付企业应收账款所用的抵押物或者无法支付企业应收账款时用其抵押的资产。条件是一种会影响购买方支付企业应收账款能力的经济环境。

（三）完善公司内部控制制度

1. 加强购销合同管理

企业在进行销售商品时要有专门人员与购买方依法签订合同，公司的专门人员要有公司的授权。合同上要有准确的交易明细。例如，若不是以现金支付，要在合同上约定好付款日期，若不能及时付清时责任的承担，以及注明超过一定期限后要走的法律程序。

2. 明确业务考核情况

对于销售人员的考核不能只看销售额，而是要结合其销售额与收款额。并且要求谁销售产生的应收账款谁负责催收，销售人员定期与财务人员核对应收账款收回情况，

---

① 柳卸林.技术创新经济学[M].北京：清华大学出版社，2014.

制订合理的催收欠款计划。当发现应收账款很难收回时，要及时告知财务部门，财务部门及时做坏账处理，尽量降低企业经济效益的损失。

（四）加强应收账款信息化管理手段，完善坏账准备制度

应收账款管理系统的主要任务是管理客户购销情况、开出的发票和收账过程等。现代很多企业经营范围繁多，销售情况不仅有零售而且有批发。完善的应收账款管理系统可以给业务量大的企业提供很大的方便和保障。所以，企业应当根据自身情况购买或者开发一套和本企业应收账款管理情况相符的系统。在购买或者开发前，要事先与应收账款管理人员进行沟通，充分全面地了解企业应收账款管理的情况，开发出符合企业应收账款管理状况的系统。这样，不仅可以减少企业在应收账款的管理上付出的成本，在很大程度上也会减少企业坏账。

（五）合理采用法律手段保护企业权益

大多数企业为了维持与客户的关系，催收款的力度并不大，导致很多客户会一拖再拖。当企业发现应收账款不容易收回时，可以适当采用强制手段，如法律手段。在最佳诉讼期内，尽快使用法律手段来保护自己的合法权益，降低企业在应收账款不能及时收回的情况下对企业财务状况造成的负面影响。

第五节　存货管理

一、存货管理存在的问题

（一）存货核算计量缺乏准确性

存货在企业的流动资产中占据很大的比例，贯穿于企业的供、产、销三个阶段。它计量的准确性与真实性对企业的财务报表与经营成果有很大的影响，准确真实地对存货进行计量是至关重要的。但企业的存货管理往往存在着核算计量不准确、缺乏真实性的问题，导致企业不能对公司的各项指标进行行之有效的分析，以及信息使用者进行行之有效的投资决策。

（二）存货日常资金占用量过大

有些企业为了避免因缺货而不能满足顾客的需求量，或者错失了交货时间而造成的损失及市场和利率变动所带来的风险，往往忽视了存货的资金占用情况和成本。企业为了保证生产不会因缺货而中断，对相关货物进行大量储备，造成日常资金被大量占用。这就导致存货的管理及存货占用资金量的多少往往被企业忽视，逐渐造成企业

存货占用资金量过大的局面。

（三）存货采购计划不合理

采购过程中最薄弱的环节就是采购计划，它是非常关键的环节之一。有些企业在存货采购方面缺乏缜密、合理的采购计划，领导者往往凭借感觉或者根据自己的经验来判断是否需要进行存货采购、存货采购量、采购时间，而不是根据实际需要进行申报采购，没有考虑到是否适应市场环境的变化，使得主观因素大于客观存在因素，从而影响了采购存货的科学性。

（四）存货管理制度不健全

1.存货收、发、存制度不健全

虽然企业已经建立了一定的存货管理制度，但是在企业实际生产经营过程中这些规章制度很难被遵守执行。例如，企业建立的存货验收制度、发出制度和储存保管制度，这些制度都规定了如何对存货进行管理，但是真正执行起来却出了问题。例如，有些企业在验收入库环节，由于没有及时对采购回来的原材料等物资进行验收，影响了企业的生产。在存货发出阶段，发出存货的计价方法选择不合理，没有遵循一贯性的原则。在仓库储存保管环节，由于仓库管理人员往往是从数量上进行看管，防止货物被盗、丢失，而质量方面是否有问题很难察觉，等到货物出现质量问题才向相关部门汇报，此时已经给企业造成了损失。

2.存货内部控制制度不健全

企业的内部控制过于薄弱，岗位责任制不明确，监督检查不到位，并且存货管理职位没有切实分离。存货进行采购、验收入库这些工作往往是由同一个人完成的，采购价格是与供应商直接协商，没有建立价格联审委员会，没有其他人的监管与制衡，缺少权限之间的制约，使一些人员通过该缺口徇私舞弊，为了获取更多的个人利益，而损害企业的利益。

二、针对存货管理问题提出的相关建议

（一）确保存货核算计量的准确性

对存货准确地进行核算与计量，是企业做好存货管理的重要环节。为了提高存货核算计量的准确性及存货管理的效率，一方面企业要严格按照《企业会计准则》的要求对存货进行核算与计量；另一方面，企业需要不断地提高信息技术水平，建立健全信息系统，运用先进的电子科技与网络技术来提高信息传递的效率，提高电算化的利用程度，建立更加完善的电算化存货管理系统，逐步减少传统的手工操作。

（二）降低存货积压占用的资金量

存货积压过多造成了企业大量的资金被占用，资金周转率严重下降，所以通过对存货进行合理规划来防止存货积压过多情况的出现。企业可以采用以下方法对存货进行合理的规划：对市场进行充分调研，对消费者需求及消费心理进行充分了解，能够准确判断消费趋势；聘请专业机构、人士进行分析，对市场需求量做出准确判断；采用经济订货批量法进行采购，确定最佳订货量，使得存货库存量以及存货相关总成本最小；及时对库存进行盘点，对企业的存货库存情况达到准确的了解，为合理的存货采购提供依据，进而减少存货积压发生的可能性。

（三）制订合理的采购计划

合理的采购计划会使企业生产经营活动正常进行，减少存货积压或短缺的可能性。制订科学的采购计划，一方面需要严格遵守执行企业制定的存货采购授权批准制度，按照规章制度办事，从而加强存货采购过程的合法性，以有效控制存货的采购数量。另一方面需要加强企业各部门间信息资源共享与沟通，采购部门要和其他部门保持紧密的联系。企业各个部门之间是相互关联的，可以通过现代的信息技术共享存货信息，以便及时准确地使用企业的信息，从而使效率得到提高。

（四）制定合理的存货管理制度

1. 完善存货收、发、存制度

企业要建立更加完善的存货收、发、存制度。首先，要完善存货的验收制度。在存货进行验收时，要及时对原材料等物资进行验收，建立详细准确的账簿。其次，对于存货发出的制度也要加以完善。一定要选择合理的发出存货计价方法，如果没有特殊情况，发出存货的计价方法一经确定，不允许随意更改，要遵循一贯性的原则。在存货发出时，要严格按照正确的领用程序进行审批，准确填写领用单据，妥善保管，以便后期进行核查。另外，要对存货的保管制度进行完善。仓库保管人员不能仅仅对存货的数量做检查记录，还要对存货的质量、规格等项目做检查记录，以防存货不能达到公司的需求。最后，还需要定期检查存货，以防存货变质、毁损、报废等情况的发生。

2. 调整内部控制制度

内部控制做得好是存货管理的重要保障。首先，企业领导层要加大对存货管理重视的程度，充分认知其在企业生产经营过程中的重要性，加大存货管理内部控制制度建设。其次，要制定不相容职务相分离的原则，确保各个岗位之间能够做到相互分离与相互制约。再次，要加大授权批准的力度，对授权批准相关的程序、手续、方法和措施进行明确阐述，不能超越权限范围办理授权批准。对于越权的审批，要及时向上级汇报。未经授权批准的人员不得进行存货业务的办理。最后，还需要进行定期的检查和时刻的监督。公司要设立专门的检查监督小组，对存货管理的整个流程进行严密的检查与监督，使内部控制行之有效。

存货管理对企业来说是非常重要的，有效的存货管理能够提高资金周转率、存货利用率，进而提高企业经营效率和效力，确保企业经济利益。本节对企业存货现存问题进行了分析，进而提出解决建议与对策，有利于企业更好地进行存货管理，最终实现提高企业经济利益的目标。

第六节 短期融资融券的财务风险

融资融券作为证券信用交易中一种十分重要的业务形式，也成为国外证券市场较为普遍的一种交易制度，对于发挥证券市场的职能起着十分重要的作用。鉴于融资融券，尤其短期融资融券拥有的杠杆效应和双面效应以及做空机制，对于如何认识以及预防和控制风险都是十分重要的课题。本书重点分析的是短期融资融券本身拥有的财务风险，并且重点分析如何规避这些风险。

一、短期融资融券的财务风险

（一）杠杆交易风险

融资融券同时又是一种杠杆式的投资工具，也是一把锋利的"双刃剑"。对于企业而言，企业把股票当作担保品开展融资的过程中，不仅要承担本身拥有的股票价格的不断变化给企业带来的风险，而且需要承担企业对其他投资股票有可能带来的风险，此外，还需要支付一笔巨额利息。由于融资融券交易是十分复杂而又烦琐的系统工程，复杂度非常高，即有可能导致企业投资失误或者是操作不当，企业有可能面临巨额亏损。对于企业而言，一旦面临股价深跌的风险，投资者则需要投入巨额本金，也可能一夜间化为乌有。

（二）强制平仓风险

根据我国《融资融券业务试点管理办法》第 26 条明确规定，证券公司需要实时计算企业提交担保物的价值及其欠下的债务占比。也就是说，如果企业的信用账户这一比例明显低于 130％，则意味着证券公司将有可能会通知企业补足差额。但是如果此时企业并未按照要求进行补交，则证券公司是可以按照合同约定对其上交的担保物进行处理的，也就是通常所说的"强制平仓"。很多时候，融资融券交易和期货交易模式是一样的，都需要企业在交易的过程中监控其上交的担保物的占比情况，保证其能够满足基本的维持保证金占比。由于融资融券具有保证金可以持续支付这一特点，这就需要投资企业在融资买进阶段购买的股票需要在股票下跌过程中面临极为严峻的"逼仓"现象。所以，融资融券交易会促使投资企业实施的行为变得短期化，而且市场博弈十分激烈，很难对投资企业进行管理。如果投资企业并未按照规定上交或者是补足担保物，又或者是到期末还有很多没有偿还的债务，将有可能被证券公司要求强制平仓，但是平仓获得的资金却需要优先用于偿还客户欠下的债务，剩下的资金才能够真正进入客户的信用资金账户，这对于企业而言，很难保证资金链的顺利流通，一旦发生资金链断裂，对企业将会造成致命的打击。

（三）流动性风险

由于融资融券这种交易方式大部分是短中线操作的，虽然这种交易方式能够有效促进证券的流动性。但是，随着其流动性的不断提升，也会给企业带来极高的交易成本，而且交易成本最终也会分摊到投资者身上。由于投资者还需要在完成交易之后上交融资利率，这对于投资者而言无疑增加了交易成本。再加上融资融券主要是针对个股，个股经常出现涨跌停或者是停牌的现象。因此，面对这种情形，卖券还款或者是融资购券都会面临阻碍，将有可能给企业带来更大的流动性风险，对于企业和投资者都是十分不利的。

（四）交易成本偏高风险

由于融资融券业务主要的交易成本构成是证券交易的佣金及证券交易所收取的印花税和相关费用等交易成本，此外，还有融资利息及融券费用。从当前情况来看，首批试点的券商融资融券利率和费率分别是 7.86% 和 9.86%，这个标准和国际是一样的。但是单笔融资债务的期限最高是 6 个月。此外，投资者需要额外支付违约金和信用额度管理费等费用。只有当投资者获取的投资收益高出费率和利率才能真正实现获利，这种财务风险是非常高的。

（五）内幕交易风险

对于融资融券而言，极有可能面临严重的内幕交易风险。如果获得了利好或者是利空的消息时，鉴于融资融券拥有的做空机制及杠杆性原理，内幕交易人员大部分都会马上进行融资或者是融券，以期实现超额收益，进一步加剧整个证券市场的波动性，这种波动性带来的恶性影响是极大的，给其他投资者带来极大的损失。

二、规避短期融资融券的财务风险的措施

（一）加强专业知识的学习

对于投资者或者是投资企业而言都应该加强相关专业知识的学习，掌握更多交易规则及有关信息。对于投资者而言，其在实施融资融券交易之前，都需要充分熟悉和融资融券有关的业务规则，尤其应该关注和了解证券公司近期公布的和融资融券交易

有关的信息。例如，担保品证券和折算率等。

（二）不断提升交易和投资能力

对于投资者而言，一定要具有十分理性的认识，尤其要控制好自身的投资风险，特别是在个股趋势和市场发展都极其不明朗的情况下切不可盲目投资，以免造成难以弥补的损失。对于普通的投资者而言，则需要在交易的过程中严格遵守国家法律法规，做到尽力而为、量力而行，不要把所有家当都一次性投入。在选择股票的过程中，还应该选择那些流动性好及基本面宽的蓝筹股当作融资融券的标的。此外，还应该充分利用融资融券拥有的风险对冲及相关的防范功能，做到稳定投资、稳定收益。

（三）合理利用杠杆比例

根据交易规则，融资融券交易利用财务杠杆放大了证券投资的盈亏比例（放大的比例与保证金比例和折算率有关系，即保证金比例越低，折算率越高，融资融券交易的财务杠杆也越高）客户在可能获得高收益的同时，造成的损失也可能越大。因此，投资者在进行融资融券交易前，应充分评估自身的风险承受能力，时刻关注担保比例指标，防范强制平仓风险。

投资者参与融资融券业务，可通过向证券公司提供一定比例的保证金，借入资金买入或借入证券卖出，扩大交易筹码，具有一定的财务杠杆效应。追加担保物与强制平仓风险，是融资融券交易区别于现有证券交易的最大风险，投资者在参与融资融券交易时应重点关注。

第三章 企业财务管理

第一节 精细化财务管理

随着社会经济的快速发展与进步，经济全球化的发展趋势变得更加显著，使得各个行业之间的竞争水平也出现了较大的改变，交流变得更为畅通。但同时，也使得我国各个行业之间的竞争压力变得空前大，也出现了各种各样的问题。针对这些问题，我国从政府层面不断制定改革措施，从企业层面不断深化改革，从而为企业的快速和可持续发展提供强有力的保障措施。本节从精细化管理的角度，重点阐述了提高企业精细化财务管理的具体对策，旨在促使企业可持续发展。

一、企业精细化财务管理的基本内涵

所谓企业精细化财务管理，主要指的就是将企业财务管理工作细分，以促使企业财务管理水平、工作效率和质量显著提升，从而最终为提高企业经济效益水平服务。一般来说，企业采用精细化财务管理工作，不仅仅是将财务管理的相关内容和数据进行细分，而且是为了提高企业的资金使用效率。通过开展精细化财务管理工作，不仅能够促使企业财务管理水平显著提高，还能够促使企业良性发展和运营。该模式是目前很多企业首选的一个财务管理模式。

二、当前企业精细化财务管理工作存在的问题分析

虽然目前很多企业均意识到财务管理对自身发展的重要价值，但是依然存在很多方面的问题。那么，具体包括哪些方面的问题呢？

（一）精细化财务管理意识十分淡薄

在企业发展过程中，若要实现财务管理，那么就应该强化企业自身的财务管理意识，强化企业内部的协作与沟通，从而有效地提高财务管理水平。然而，在实际中，企业的财务管理意识十分淡薄，并未构建一整套完善的财务管理制度与体系，且财务

管理体系的构建仅仅是一种表面化的工作，并未将其落到实处。

（二）精细化财务管理相关资料及数据真实度较差

企业在开展财务管理过程中，财务预算是一项十分重要的环节和内容，若不能有效地开展财务预算管理工作或者财务预算信息不合理、不规范、不真实，那么就很难提高财务管理水平，也就很难达到理想的管理效果。当前，有相当一部分企业仍然采用传统的人工预算方法，使得预算结果的真实性受到了非常大的影响，所得的数据也不够真实和科学，难以为企业管理层的决策提供有效的依据。

（三）未构建完善和健全的财务预算管理体系

企业若要更好、更高效地开展财务预算管理工作，离不开合理有效的监督机制，因为它是财务预算管理体制不断优化和走向发展的一个必然路径。当前时期，某些企业经费在使用方面存在随意性强及规范性弱等方面的缺陷及问题，究其根源，主要是由于某些企业过于追求社会效益，而对经济效益完全忽略。此外，很多企业内部并未设置专业化的财务预算监督机构，并未构架一整套财务预算监管体系。

（四）财务管理监督机制严重匮乏

当前时期，我国很大一部分企业管理之中的财务核算监督职能不能达到显著的作用，那么很多企业财务管理工作受到多方面的影响，然而当前时期很大一部分的企业财务核算监督机构不能正常发挥应有的作用的原因主要有两个方面：一是企业不能对自身的财务管理进行规范化的管理，从而使其自身的职能欠缺；二是企业所设置的财务机构中的工作人员的素质水平普遍较低，职业道德素养也不高，更甚者，其在财务管理监督意识方面也十分缺乏。

（五）财务管理在企业各项管理中的平衡地位被完全打破

当前，有一定数量的企业管理者对财务管理存在较大的误区，很多管理者只是简单地认为财务工作就是记账、算账，只重视如何处理财务报表、应对银行等相关部门的各项财务业务等方面的工作。但是，根本没有从本质上深入地了解以及把握企业内部资源的优化配置。财务管理真正的内涵以及具体的职能也就无法充分地发挥出来，那么企业财务管理方面的工作也就受到极大的影响。

企业在现今快速发展的时代正面临各种各样的挑战，同时企业自身也存在诸多的问题，因而，对于企业的发展来说，需要精细化的财务管理，进而使得企业逐步稳定发展，在财务管理的不断提升中，使企业管理能够可持续性地发展与长存。

三、精细化财务管理的特色

对于企业财务管理的缺失，应该将思路加以明确，不单单是将管理工作进行得更为细致与精确，还需要有相应的思路及方向，使得管理质量得以提高，企业运营效果与利润得以提升，企业要从多方面着手，既要认真执行，又要重视效率，进而实现精细化财务管理的目标。

（一）制度精细化

财务管理制度的精细化，能够建立健全财务制度体系。制度精细化指的是财务的具体实施更具规范性，进而达到精细化的管理，企业需要凭借自身的实际情况对财务部内控的制度加以严格的修正，将各个条款逐一细致化，使得其在制度建设中保有相应的原则，加强制定与完善各类财务管理制度，细化各类财务管理制度，使财务管理依据相应的实用与严格的原则细化制度，经过细致且有效的制度监督以及管理的方式加以实施，防止制度执行力不高与制度模糊化等问题的产生。

（二）流程精细化

财务管理流程的精细化，能够进一步整理及完善管理流程，流程精细化对于财务最终的工作效率及内部控制的实施起着重要作用，企业需要加强细化财务预算，将各个系统依据预算执行的费用项目，整体纳入预算管理之中，并且分散于各处且具体落实到人，达到整体过程能够有效率的财务管理且优质的提前控制，依据相应的内部控制以及高效率工作的准则，进一步规范财务管理流程，逐步细化各项业务层面的具体操作规则，使财务人员可以将全部重心转移到财务数据分析上，使财务流程精细化能够进一步有序地进行。

（三）质量精细化

财务管理质量的精细化，能够加以监督并进行决策上的支持，加强贯彻与执行国家及企业的财政政策与法规，全面以及认真地将企业的财务状况加以反馈，注重细节，将信息加以精确性的完善，增强信息的可利用价值，强化对于资金的监管与控制，保证资金的安全性，将财务核算模式加以转变，将财务的事后核算转变成事前预算、事中控制及事后监督成为一体化的财务管理方式，在组织上确保预算体系得以如常进行。

（四）服务精细化

财务管理服务的精细化，能够加以沟通以及合作的动态化，财务人员需要具备财务服务精细化的理念，在一定时间内进入基层部门了解实际情况，努力做好资产管理方面的工作，加强与各个部门间的沟通和协商，将信息的反馈速度加以提升，成为良好的互动关系，运用相关的信息，进而使各类活动可以有凭据。

四、精细化财务管理的实施方法

（一）企业内部实施成本预算管理

成本预算管理是将企业年度资产经营考核目标利润作为具体的依据，将企业年度预测的各项数据作为已知变量，计算出企业年度总体的预算收入，进而推算出企业年度需要控制总费用。优质的成本预算管理，应该将成本预算先具体落实，将实际成本费用的核算时间划分为月度、季度与年度三种，同时结合相对应的企业财务会计报表，将其作为成本费用控制的依据，而且需要将其和各个部门的成本预算加以对比，准确地寻找管理的缺失，并制订具体的方案加以解决。

（二）精细化管理认真落实

将促进经济效益的提高作为主要的目标，使精细化管理加以落实。第一，在安全性的管理上，加以安全生产责任制，制订具体的安全管理方案以及准则，做到各项条款更为精细及确定，将安全责任加以着重划分，确保责任目标具体落实。第二，对企业的管理制度来说，应充分发挥综合管理的作用，逐步改善企业中的预算管理、资产管理以及精细化管理制度，强化日常的管理与监督等方面制度的设立。第三，在企业资产经营方面，实施目标责任制，所有的工作人员形成良好的成本管理意识，将企业经营的总体目标细化于各个部门。第四，将成本预算与薪酬考核结合起来，同时将精细化管理目标达到的效果纳入薪酬考核。第五，对于企业预算资金的运用，需要实施以月度计划的方式进行控制，以月对资金的使用计划加以划分，使得企业资金能够在可以控制的范围之中。第六，给予企业成本管理设立细致的标准，给予企业成本管理的目标及责任加以细化。第七，逐步改善企业内部的审计制度，实施严谨且规范化的管理，降低企业的经营风险。第八，建立健全有效的企业实物资产管理制度及措施，进一步深化精细化财务管理的内容。

综上所述，精细化财务管理具备其独有的特色，对于企业的发展存在重大的价值，同时，需要遵守精细化财务管理的实施方法，并且具体应用及推广，使得企业的管理水平得以提高，企业自身也能够蓬勃发展、蒸蒸日上。

第二节　财务管理中的内控管理

内控管理能直接影响财务管理，所以当代公司都非常重视内控管理。一个好的内控管理方法能对公司的运营起到积极作用，不但能减少公司运行成本，而且可降低生产成本，既能保障公司资产安全，又能有效地为公司降低财务管理风险，为公司管理层提供可行的财务数据，有利于更好地发挥内控管理的作用。

一、内控管理对财务管理的作用

市场经济的发展需要公司完善内控管理工作，预防公司在经营过程中会出现的危机。公司内控管理措施的执行力与财务管理工作是息息相关的，直接影响到公司经营的经济效应。虽然现在不少公司领导层都开始重视内控管理，但还是有少数公司领导并不那么重视内控管理，对财务管理工作也没有起到监督作用。其实，内控管理对财务管理起着非常重要的作用。

（一）有利于保护公司资产

内控管理能有效保护公司资产安全，使公司健康发展，因为内控管理人员需将公司全部财产进行核查与控制，并清楚公司每一笔流动资金，所以能确保财产安全，避免公司出现挪用公款的情况。公司财务管理部门根据公司现状拟定相关管理制度，并对物资处理有详细规定，这样能提升公司财务管理方面的专业水平。同时，也能有效防止贪污的现象，公司在正常运营的同时也提高了外部竞争力。

（二）提高财务信息真实性

内控管理能提高公司财务信息的真实与可靠性，完善公司内控管理制度对财务管理有重要影响，要拟订详细的财务信息处理方法与控制方案。比如，将财务信息资料进行审核复查，经过内控管理完成公司财务信息的校对，以及时发现财务管理中的问题，从而及时改正，有利于降低资产损失，财务信息越真实，越有利于公司财务管理的发展。

（三）公司经济效益得以提高

完善内控管理是公司经济效益提高的有效方法，加强内控管理并发挥内控管理在经营管理中的作用，能够提高公司财务管理水平。建立完善的公司内控制度能充分利用内控管理制度的资金调节作用，使资金使用合理性得以提升，并有利于加强公司发展的自我约束力。

2008 年，我国开始实行内部控制基本规范，成为我国企业内部规范管理体系当中的重要内容。各大企业需要不断完善自身内部控制管理体系，这样才能更好地促进企业的发展。现阶段，我国大多数企业的内部控制体系已经得到全面发展，广泛覆盖各个生产经营阶段，并且涉及中小型企业的所有层面。企业内部控制的主要内容在于控制环境、识别和评估风险，控制企业决策以及经济活动等，沟通与反馈信息，评价和监督。企业在发展期间建立内部控制制度的必要性主要体现在国家层面和企业层面，首先国家对于内部控制实行了相关规定，企业发展期间也需要内部控制制度的规范，企业不断完善自身内部控制可以在较大程度上提高企业的效益和工作效率，能够有效避免企业在经营期间出现管理风险以及舞弊行为等。企业管理人员按照实际发展情况，全面建设企业内部环境，在此基础之上建设控制规范和约束机制，进一步加强企业内部控制的实效性，评价自身内部控制制度。

二、内部控制在财务管理当中的范围

财务管理内部控制主要是系统整合企业各个财务活动与生产经营活动，并且通过财务方式将企业各个部门有效联系起来，这样有助于企业管理人员进行科学的经营决策，有效监督和约束企业各个层次的财务活动。实行内部控制机制可以在较大程度上提高企业的经营管理效率，实现最大化的资产收益。企业内部控制的科学性和实效性可以帮助企业做好财务预判，降低运营风险。此外，内部控制机制也能够帮助企业控制和管理企业资金，全面发挥资金的价值，为提升企业的发展和经济效益提供良好的发展动力和经济基础，进一步加强企业的市场竞争力。

（一）内部控制是控制机制的重要组成部分

在企业控制机制中，内部控制机制属于重要的组成部分，主要表现在以下方面：第一，结构控制体系，该体系是在"二权分立"基础上发展的，能够全面展现出代理与委托之间的关系，利用合法措施确保企业可以顺利开展企业内部控制，这样可以确保投资者的效益。第二，管理控制体系，该体系存在较多的形式，主要包括定期换岗制度，员工道德素质培养、预算控制制度以及内部监督制度等，这将在较大程度上影响代理人责任的成功性。第三，会计控制体系，该体系也可以称为核算控制，按照控制内容的差异性，可分为控制实物、纪律以及基本控制等，基本控制可以从根本上确保会计控制。

（二）内部控制保障资金安全

建立企业内部控制能够全面保障企业的财产安全。其一，内部控制可以加强控制企业的流动资金，全面保障流动资金的安全运行。在部分企业发展期间存在较大的货物流动性，并且会涉及较多的环节，这就需要不断规范内部控制，避免出现安全问题。其二，企业内部控制能够保护固定资产和长期资产，按照企业的实际发展状况调整资产，并且传输安全的资产信息，这样使企业在外部投资期间可以正确认识自身情况。

（三）内部控制降低企业经营风险

企业建立内部控制，有助于企业领导层面获取企业发展的最新信息，之后按照信息做出正确的决策，全面降低企业的经营风险，促进企业实现发展目标，建立企业文化。内部控制制度能够为企业管理人员提供最新的财务信息和经营信息，之后按照企业的实际发展方向做出判断，以此适应市场的发展规律，这样可以降低外部环境对企业的影响程度。

（四）内部控制是企业发展的必然要求

随着不断发展的市场经济，企业需要全面进行改革创新，为了适应企业的发展，需要借助于内部控制制度的作用。这样不仅可以改善企业的外部环境，还能够改进微观机制。在实行内部控制制度时，不仅需要全面学习企业内部控制理论和发展经验，还需要正确认知企业进步与企业发展以及企业管理之间的关系。企业在该发展背景之下，为了提升自身发展水平，需要全面建立内部控制机制。

（五）提升企业财政管理的水平，适应财政改革的发展

长期以来，我国不断践行财税体制的深化改革，提升财政管理水平。现阶段出现了较多的关于财政改革的政策措施以及管理制度，全面落实了财政改革与管理，但是这也相应地带来了较多弊端。存在部分财政政策在建立实施过程中缺乏充足的时间，这样就导致较多的政策企业没有经过论证就开始践行，往往会造成较多的问题，并且在一定程度上呈现碎片化的业务流程以及相关管理措施，没有进行全面系统的考虑，严重的会造成财政政策与实际工作情况出现脱节或者自相矛盾的情况，降低了财政管理部门的工作效率。所以，在进行财政管理内部控制建设工作时，要细化各项工作流程，优化管理业务，这样才能从根本上提升财政管理的工作效率以及工作质量，早一步实现现代化的财政管理制度。此外，事业单位等重要企业也必须重视各自的财政部门，并积极进行内部控制建设工作，这是各级财政部门所要面对的重要问题。

三、财务管理过程中内控管理的措施

内控管理是公司财务管理的核心所在，在这个竞争压力如此大的市场环境中，公司若没有一个好的内控管理制度，公司内部竞争力也会不断下降，会对外部竞争直接造成影响，所以公司必须加强内控管理，以提升公司财务管理水平。

（一）建立完善的财务管理内控制度

公司在财务管理内控方面应注意这几个点：其一，在财务管理过程中应与互相制约的制度进行融合，完善以防范为主的监督制度。其二，设置事后监督制度，在会计部门的会计核算部分对各个部分展开不定时检查，并进行评价，再依照相关制度展开不同的奖惩，并把最后结果反馈给财务部负责人。其三，以目前有的审计部门作为基础，建立一个完全独立的审计委员会，其审计委员会可通过举报、监督等方式对会计部门采取监督控制。

（二）提高公司财务人员的职业规范，完善内控管理

财务管理制度需要有人执行，从而就会受到公司制度的管理与职业素养方面的约束，而在这方面，公司领导者应带领工作人员严格依照内控管理制度执行，还要加强会计人员对专业知识的培训，提升其专业水平，并对会计人员进行职业道德教育，以增强会计人员的自我约束能力，严格按照公司规章制度行事，提升工作能力，降低错误发生率，做好内控管理的工作。

（三）加强内部审计监督

内部审计监督是公司财务管理控制的重要组成部分，有着不可动摇的地位，是内部监督的主要监管方法，尤其在当代的公司管理中，内部审计人员将面临新的职责。公司应建立完善的审计机构，充分发挥审计人员的作用，为公司内控管理营造一个良好的环境。

（四）加强社会舆论的监督

现在，我国有些公司财务部门的会计在管控制度方面还不够完善，相关管理人员的业务能力与职业素养还需进一步提高，仅仅依靠会计人员的自觉性与政府的监督是不够的。所以，政府应大力推进会计从业发展，积极利用其职责发挥社会监督的作用，从而能够起到内控管理制度的发展与完善，使市场经济秩序稳定发展。

（五）重视内控管理流程

资金管理是公司财务管理中最重要的内容，财务管理人员需对资金使用情况进行严格的审批管理，使资金管理更具有合法性。例如，固定资产管理，财务部门可派专门人员对其进行单独进行管理，对某一项目资产进行管理时，公司应对其预算有严格的审批，只有标准的额定费用使用机制，公司资金才能发挥最大的作用，才能保障周转速度一切正常。

综上所述，公司财务管理中内控管理有非常大的重要性，这种重要性不仅仅体现在经营方面，在公司资金应用方面也是有重要影响的。在优胜劣汰的市场竞争环境中，公司必须加强内控管理制度，以保证公司资金安全，能有效降低财务管理风险。

第三节　PPP 项目的财务管理

随着经济的快速发展，社会公共基础设施的建设也在不断加强，而 PPP 模式的应用能够有效促进基础设施的建设，同时又能带动社会资本的发展，这种政府与企业合作共赢的模式因此得到广泛的应用。不过目前由于应用时间不长，使其应用过程中常会出现一些问题，只有通过分析目前所存在的问题，并不断进行完善，才能促进 PPP

模式带动社会有效发展。

一、PPP 模式的定义

PPP 模式即 Public-Private-Partnership 的字母缩写，是指政府与私人组织之间，为了合作建设城市基础设施项目，或是为了提供某种公共物品和服务，以特许权协议为基础，彼此之间形成一种伙伴式的合作关系，并通过签署合同来明确双方的权利和义务，以确保合作的顺利完成，最终使合作各方达到比预期单独行动更为有利的结果。

二、PPP 项目的特点

PPP 项目是由政府与社会资本之间合作开展的，不过两者的目的有着区别。社会资本的主要目的是通过项目来获取利益，而政府主要目的的性质是完成基础设施建设、带动社会发展等公益性目的。目的不同就会对项目的实施过程造成一定影响，而通过签订合理的合同可对社会资本、政府相关行为进行约束，进而控制项目开展的过程正常化。社会资本在保证利益最大化的情况下不能对项目公益性造成影响，同时政府在保证公益性的情况下不能对社会资本的利益造成损害，这是一种共同保护双方利益的特点。双方由于社会角色的不同，掌握的资源也不同，社会资本主要掌握着经营管理资源及先进技术资源等，而政府则掌握着行政方面的资源。因此，资源共享才能够促进项目建设的效率和质量的提高，这是一种资源共享的特点。在 PPP 项目计划和启动阶段，均是以政府部门为主导进行相关研究和分析的，社会资本也可参与前期的研究分析，在项目实施后两者共同管理，在共同管理中社会资本需与政府多个部门交流合作，使得两者合作关系更为复杂，这是一种合作关系复杂的特点。

三、PPP 项目中财务管理问题

（一）项目中的资金管理问题

现在我国的 PPP 管理模式中项目资金管理力度较弱。主要存在会计核算不准确的问题，还有一些社会账本存在模糊的问题，项目资金经常不能拨付到位，这样资金使用效率低下。

（二）财务预算过程中执行不到位

预算管理是公司进行财务管理时的主要内容，在预算管理时工作职能得以实现，可以对项目资金进行科学管理和使用。在 PPP 财务管理中经常出现财务管理缺失的问题，还有的公司在使用传统预算管理，对新预算法没有彻底执行。同时也会出现一些执行新预算法的单位，但是相关制度却没有落实，预算管理口径不统一，在项目建设中存在较多需要落实的地方，因此建设进程中要准确地预算管理。

（三）财务内部控制缺失的问题

PPP 项目在管理过程中会出现制度不完善和公司控制不到位的问题，这些也是保证项目获得收益的重大障碍。还有一些内部控制缺乏，无法对项目进行有效控制，同时部分项目中还有政府资金，这样便造成对建设成本控制缺乏高度重视，这些造成项目中的成本管理没有起到应有的作用。项目公司在正常管理中的方式较为粗放，内部控制制度没有受到足够的重视，这些也是较为普遍的问题。企业对内部管理的认识不足，单纯片面地认为内部控制是为了对企业生产建设成本进行压缩，同时也存在将内部控制和财务建设等同的问题。这些问题都在制约着内部控制工作的进行。

（四）融资投资管理问题

在 PPP 的模式下，政府投入的财政资金相对较少，很多资金都是政府依靠社会进行融资的。在融资过程中社会资金的费用相对较高，支出较大，但是我国暂时还没有形成良好的担保体系，融资管理体系不健全。PPP 项目都是一些较大的项目，涉及范围较广，这样便造成社会资本断链或者资金收回不理想的风险。

（五）风险管理问题

有很多地方政府存在盲目建设的问题，社会资本追求短期利益。这时便出现一些不适合进行 PPP 的项目也在使用这样的方法，没有在前期进行完整的风险预测，在整个过程中也没有进行风险控制，在后期出现严重亏损，这样便会导致出现资金紧张跟违约风险提高这些问题。

四、PPP 模式下的项目管理财务管理策略

（一）建立完善的风险识别和控制体系

PPP 项目在建设的过程中存在多主体的问题，在经营一段时间之后发现投资收回速度太慢，假如是想快速地收取回报则不应该使用这种方式。在使用这种方式的时候一定要加强风险共担思想。政府跟投资公司要承担一定的政治风险和管理风险以及收入较低的风险。建设单位一定要承担起运行移交风险。同时两者还要共同承担起自然灾害和市场经济等这些不可抵抗风险。在整个 PPP 项目中各个参与方是风险共同体，所以在合作的时候一定要时刻关注自己的风险，一定要用使自己的风险较低的方式进行，也可以建立风险共同承担的机制，使用各种创新办法与协作实现风险化解。

（二）努力加强预算管理与资金控制

在项目投资之前一定要进行相关分析，要建立起完善的预算管理制度，这样才能保证投资决策时资料的可靠性。同时要依据资金跟人员以及材料设备等各个因素对项

目进行全面筹划。使用先进的投资财务管理模式进行科学计算跟投资回报计算，这样的方式可以增强资金管理控制并制定合理的投资比例。

（三）加强成本控制

PPP 项目中一般建设的时间较长，回报率也低，建好之后相关的运行维护成本也较高。因此，在进行项目管理时可以对成本进行科学规划和控制。最重要的是对总成本和经营过程中的成本进行估算，制定出合理的单位成本折旧年限以及总生产费用、销售费用等。使用各种途径对项目的运行成本进行控制，同时还可以依照营业额和收入进行投入与回报比的计算，以这样的方式确定合理的投资回收期以及动态回收期财务内部报酬率相关指标。

（四）加强财务分析，完善定价制度

参与的各个单位一定要不断调整好财务管理上的目标差异，逐渐统一管理目标，这样才可以实现资源的价值最大化和效益最大化。资产定价制度也要逐渐完善，对财务分析也要加强，还可以实行定价机制的监管，跟社会物价的有关指标进行对比，使用市场手段不断进行调节。这样才可以防止社会资本对公共利益造成损伤，严格防止资本的趋利性，从根本上保护好建设项目的效益和社会资本的收益。

现在很多部门都在使用 PPP 模式，政府和民间资本的合租，通过政府监管，可以将企业的财务制度不断完善。这些对于提高项目财务管理效率同时让企业的决策更加科学。在这种模式之下，政府也对相关的民间资本进行一定的支持，在法律层面进行肯定，这样才可以加强企业跟政府合作，确保 PPP 模式为更多的项目提供良好的保证，也为经济的发展提供充足动力。

第四节　跨境电商的财务管理

随着互联网技术的飞速发展和经济发展的深度全球化，我国的跨境电商产业迅速崛起，截至 2016 年年底，中国跨境电商产业规模已经超过 6 万亿元，年均复合增长率超过 30%。跨境电商产业在传统外贸整体不景气的经济环境下依然强势增长，本节将在此背景下阐述财务管理对于跨境电商运营的重要意义，并分析跨境电商企业在财务管理方面面临的问题，如会计核算工作不规范、缺少成熟的跨境电商财务 ERP 系统，以及跨境电商税务问题等，针对跨境电商财务管理面临的问题提出相应的财务管理提升方案，从而促进跨境电商企业财务管理的不断完善。

一、财务管理对于跨境电商运营的重要意义

随着跨境电商爆发式的发展，跨境电商的财务管理也备受关注，由于跨境电商行业的特殊性，其财务管理与传统的财务管理实践相比，存在较大的差异，对跨境电商环境下的企业财务管理人员提出了新的要求。现行大部分的跨境电商都是小企业，对于财务管理人员的配备与资金支持都比较有限，因此跨境电商的财务管理实践还有待提升。财务管理是跨境电商运营的关键事项，重视跨境电商的财务管理实践，针对跨境电商环境下财务管理工作面临的具体问题进行分析，并采取有效的解决措施，逐步优化提升跨境电商的财务管理工作，对于促进整个跨境电商行业的发展具有重要的意义。

二、跨境电商在财务管理上存在的问题

（一）会计核算工作缺乏规范性

会计核算是财务管理最基础的环节，只有会计核算能保证其准确性与及时性，后续的财务分析与财务管理各环节才能有效且有意义地进行。目前，跨境电商会计核算主要存在以下问题：一是账务处理不够规范。部分跨境电商企业没有建立严格的财务制度，或者有财务制度但是没有遵照执行，存在使用的原始单据不合要求或者缺少原始票据作为支持文件的现象，如报销手续未经过完整的审核流程或者用不符合规定的临时票据充当原始凭证等。二是部分跨境电商企业的财务报表体系过于简单化，缺少报表附注、财务情况说明等，由于跨境电商行业的特殊性，传统的财务报表体系难以准确且完整地反映跨境电商企业的财务状况以及经营状况，很多非财务指标虽然不列入传统的财务报表披露体系，但往往更能反映企业的潜在实力，如转化率、客户平均停留时间、网页点击率等。因此，跨境电商企业应根据自身的行业特点，在传统财务报表体系的基础上增加反映跨境电商真实经营状况的各项财务管理信息数据。

跨境电商企业财务管理人才的缺乏也是造成跨境电商企业会计核算工作不规范的重要因素。跨境电商行业作为近年来迅速发展起来的新兴产业，其财务管理与一般传统行业相比具有特殊性，为满足跨境电商财务管理的需求，财务人员不仅要有扎实的财务管理知识及实践经验，还需要掌握现代信息网络技术知识、了解国际会计准则与各国税务、熟悉相关法律法规等。但是目前这样的复合型人才比较缺乏，这必然会阻碍跨境电商企业在财务管理方面的完善与提升。

（二）缺乏成熟的跨境电商财务 ERP 系统

由于跨境电商是近几年才迅速发展起来的行业，因此市场上还没有比较成熟的针对跨境电商企业服务的财务 ERP 系统。一般行业的财务 ERP 系统难以满足跨境电商

企业的特殊化及个性化需求，如跨境电商企业的多账号经营管理、成本多样性、物流方式的分配组合等事项，都存在不稳定因素，导致难以准确地通过普通的 ERP 系统去核算每个单品的成本利润，需要 ERP 相关行业的人员在现有的系统基础上去建立和完善针对跨境电商企业的功能个性化的财务 ERP 系统。

三、基于跨境电商下网络财务管理的发展建议

（一）风险意识的增强是网络财务管理优化的重要前提

风险意识不足是导致跨境电商陷入网络财务管理困境的重要因素之一。要想保证网络财务管理优势的充分发挥，降低网络财务管理风险的不利影响，跨境电商应增强风险意识，认知财务管理中风险管理的重要性，从而根据自身实际情况建立风险评估体系或与风险评估机构建立合作，对自身发展过程中存在的风险进行评估与预测，并有针对性地制订网络财务管理方案与财务风险防控举措，保证各项业务开展的顺利性、稳定性与安全性。

（二）政府扶持力度的提升是网络财务管理优化的手段

由于跨境电商业务流程存在一定的复杂性，不仅与外管部门、金融机构等存在关联性，与税务机构、海关部门也存在密切的关联。而就跨境电子商务的网络财务管理模式而言，其交易方式、支付形式等与传统对外贸易存在一定的差异性。对此，政府应根据跨境电子商务及其网络财务管理特征，完善相关制度与法律规定，并加大对跨境电商的扶持力度。例如，建立跨境电商监控机构，对跨境电商业务流程进行有效监管，提升消费者对跨境电商发展的信心；优化跨境电商出口退税程序，基于跨境电商企业相应的对外贸易政策优惠；提升跨境电商会计与财务的工作效果，提升跨境电商网络财务管理中会计核算的标准性与规范性。

（三）网络财务管理系统的构建是财务管理优化的根本

为充分发挥网络财务管理自身的优势，如提升企业管理质量与效率，提升企业财务管理工作的协调性、员工参与性，实现经济活动财务情况的实时动态管理等，应建立完善的网络财务管理系统。在此过程中，应对跨境电商性质、业务流程等进行全面分析，从而进行网络财务系统的科学设计，并结合企业实际情况配置相应的软件系统，用以保证网络财务管理系统应用的科学性与适用性。

（四）高素质专业化人才的培养是财务管理优化的必需

人才作为企业精神的核心资源，其能力、知识、水平的高低直接影响网络财务管理的质量与效率。对此，为有效改善当前跨境电商财务管理面临的困境，提升网络财务管理质量与水平，加强高素质、专业化人才的培养力度已经成为企业实现可持续发

展的必然趋势。在此过程中，企业应根据跨境电商财务管理的特点以及网络财务管理系统建设与应用要求，进行有针对性的培养，提升工作人员财务与会计专业知识，注重其信息素养、计算机素养、网络财务管理系统操作与使用能力等的提升与强化，为跨境电商优化发展奠定良好的人才基础。

总而言之，任何新兴行业的兴起与发展势必存在重重困难，需要经过时间的洗礼得到成长与完善。跨境电子商务在信息时代背景下具有广阔的发展空间，但作为新兴产业，跨境电商在发展过程中也存在一定的问题，虽然相对于传统对外贸易而言，基于跨境电商下的网络财务管理存在一定的优势，但由于其起步较晚，运转模式尚未成熟，仍需要进行不断的改进与完善，从而解决当前跨境电商财务管理方面存在的问题，促进跨境电商优化发展。

第五节　资本运作中的财务管理

随着我国市场经济不断发展，企业也面临着一系列的改革，特别是在营改增大的背景下，这给企业的财务管理提出了新的要求。为了提高企业在市场中的竞争力，企业必须要不断加强自身的资本运作能力，这样才能够实现"钱生钱"。从当前企业结构进行分析，财务管理与资本运作相辅相成，也可以说财务管理服务于企业的资本运作，一个是微观资金活动、一个是宏观资金活动。资本运作相比商品运作的概念是相互对应的，主要是指资本所有者对其自身所拥有的资金进行规划、组织、管理，从而实现资产升级。企业发展必须有资金支持，而较大的资金投入会加大企业的经营风险，这就需要企业能够不断优化自身的资本结构，从而获得更多的经济效益。

一、企业资本运营的特点分析

（一）价值性

企业资本运行的核心特点就是价值性，也就是任何资本运营活动都要推动企业相关产品升值或获取经济效益。企业资本运作的侧重点并不是资产自身，而是企业所有资产彰显出的价值。在开展企业资本运作过程中，任何活动都必须着重考虑成本，从而综合反映出成本的占用情况，这样才能够分析出企业的资产价值，通过对边际成本与机会成本相互比较衡量，从而为企业决定提供有力依据。

（二）市场性

市场性特点作为资本运作的基本特点，在市场经济大背景下，任何经济活动都要依托资本市场，这样才能够跟上市场的发展步伐，满足企业的发展需求。因此，企业资本运作必须能够通过市场检验，才能够了解资本价值大小与资本运作效率的高低。可以说，企业资本之间的竞争就是要依托市场活动才能得以完成，这也是当今资本市场和企业资本运作的一大特点。

（三）流动性

资本运作就是一个资本流动的过程，例如，我们常说投资就是一种资本运作，通过前期大量投资，从而不断获取相应的回报，因此，流动性是资本运作的主要形式，这样才能够在不断的流动中实现产品增值。对于企业而言，企业中的资产不仅仅是实物，也不单是要求实物形态的完整性，而是对实物资产的利用率，是否能够在流动中获得更多的经济效益。

二、强化财务管理，优化资本运作

综上所述，企业资本运作是获取经济效益、实现资产增值的重要手段。企业财务管理作为企业管理的核心内容，对企业的发展有着重要影响。因此，我们必须充分发挥财务管理的积极作用，推动企业资本运作的优化、升级，从而推动企业健康发展。

（一）强化会计核算工作，完善财务管理

从微宏观角度分析，企业财务管理是企业资本运作的重要组成部分，因此实现资本运作会计核算，就是将企业资本投入生产经营活动中，从而形成在生产经营中实现会计核算，加强生产的成本控制。最终目的就是运用企业资本提高自身的生产经营能力，并从事多种生产经营活动，从而实现资产保值、增值以及提高企业的经济效益。再者，通过产权交易或分散企业资本，从而让企业资本结构进一步优化，为企业发展带来更多经济效益。产权交易主要有两大层次：一是经营者根据出资者所提供的经营产权资本，从而实现资本保值、增值的目的；二是根据财产权来经营，从而满足经营目标，获得更多的经济效益。因此，在产权资本运营核算中，必须从这两大方面出发。

（二）完善企业财务管理

在市场经济下，企业财务管理面临着多方面的挑战：一是企业财务管理风险增加；二是企业还处于营改增的过渡阶段；三是影响企业财务管理的因素增减。可见，财务管理不单单只针对企业生产经营活动领域，同时也要涉及国内外市场、政策影响等。如今，多种经营方式与投资机遇呈现在了企业面前，任何经济活动都成为"双刃剑"，这就要看企业资本运作中的财务管理是否得当，根据投资组合方式，制定资本运作的盈利目标，并提高自身的抗风险能力、融资能力，从而丰富资本运作活动。因此，在资本运作过程中，加强财务管理至关重要。

（三）完善资本运作中财务管理制度

想要充分发挥财务管理的积极作用，必须提供相应的制度支持，这样才能够保障财务管理的有效性与完善性，降低企业财务风险。因此，企业需要设置独立的财务机构，并构建高素质专业人员，配备相应的核算人员、总会计师、资金分配人员等，为制度确定奠定坚实的基础。对于资本运作中的相关材料，必须能够将会计原始资料作为企业资本运作与生产经营的核心资料，并统一资料的形式与内容，实现有序挂历、规范存档，明确财务管理工作人员的相关责任，避免出现财务工作操作失误等问题。结合《企业财务通则》《会计法》、市场环境、企业内部环境，从而制定更加完善的财务管理制度，明确不同岗位的工作要求，为资本运作提供制度基础。

综上所述，随着我国市场经济不断发展，企业之间的竞争愈演愈烈。因此，企业必须加强资本运作来提高自身的市场竞争力，提高企业的经济效益，实现资产保值，充分发挥财务管理的积极作用，为资本运作奠定坚实的基础。

第六节　国有投资公司的财务管理

在我国市场中，投资公司处于发展阶段，然而因为投资公司能够在降低投资风险的基础上，推动其他相关行业的发展，所以这一行业的出现也标志着我国金融服务行业的快速发展。但是在实际发展过程中，金融市场竞争趋势也越来越激烈，这也为各个国有投资公司提出了严格的要求，需要加大财务管理力度、提升管理水平，才能应对金融市场的变化。所以，下文便主要针对国有投资公司的财务管理工作进行研究与讨论。

一、国有投资公司财务管理基本内容概述

通过对财务管理的了解可知，国有投资公司内部的财务管理工作，需要将工作的重点集中在以下几个方面：一是加大财务基础管理力度，在公司内部建立与市场经济需求、国有投资公司特点相符合的财务管理机制，并且在日常管理的同时与国际市场相连接。二是加强资金统一调度与运作全过程的管理力度。对于资金的筹集，最为主要的是争取到政府方面的财政资金，在此基础上要积极向海外市场扩张，以此实现融资。对于资金的使用，要始终以安全、流动、效益为基本原则，做到量入为出，遵循长短结合和科学筹划的要求，全面降低公司内部的融资、运营、管理等环节的成本，以此实现资金使用效益的提升。三是通过行之有效的管理方法，致力于规避财务风险，对公司内部的负债结构与负债管理方法，保证公司的资产结构与长、中、短期债务相

适应。四是在公司内部落实债权风险管理机制与逾期贷款清理责任制。五是加大对公司财务改善的重视，使公司的投资与运行能够有足够的现金流支持，并且能够满足公司业务拓展与还本付息的根本需求。

二、国有投资公司的性质与目的

我国国有投资公司产生于 20 世纪 80 年代中后期，是由政府全额出资，以贯彻政府公共职能为核心目的，主要从事基础设施、基础产业和部分支柱产业投资的投资主体和经营主体。其性质是一种特殊的国有企业，行使出资权力，是国有资产配置的代理者。国有投资公司作为经济发展的一支中坚力量，在新形势、新机遇的挑战下，不仅要执行政府意图、关注民生、根据政策对基础产业进行投资，而且其又是市场竞争主力、自主经营、自负盈亏、自我发展，实现国有资产的保值与增值。故国有投资公司的目的是保值增值、发挥模范带头和经济导向作用，优化国有资产配置和布局，最终使政府所指定的宏观调控完美实现。

三、国有投资公司的财务管理模式

（一）集权式管理模式

集权式财务管理模式是指国有投资公司的各种财务决策权集中于母公司，母公司集中控制和管理投资公司内部的经营和财务并做出决策，而子公司必须严格执行。财务管理决策权高度集中于母公司，子公司只享有少部分财务决策权。集权管理主要是集中资产管理权。集中资产管理权不仅涉及决策权，而且包括经营权及部分的业务控制权。

一般来说，成本低、效率高的集权性决策，对于母、子公司间的配置资源和战略协调方面有着很大的优势，但是它也有不利的一面，就是承担的风险相应较高，经营决策水平和决策者的战略分析判断力决定着决策是否正确，如果一个公司的发展是因为一个决策的失误而造成的，就可能破坏公司的整体发展，甚至使公司走向衰亡。

（二）集权与分权结合的财务管理模式

集权与分权结合模式的特点主要为：制度方面应该在集团内部制定统一的管理制度和职责，使财务权限和收益分配方法明确，各个子公司应该依据自身的特点在母公司的指导下遵照执行，特殊情况再予以补充说明；管理方面应该充分利用母公司这支强大的支柱力量，集中管理部分的权限；经营方面，要根据制度出发，充分调动子公司的生产经营积极性。

财务机制出现的一些僵化的局面一般是由极端的集权和子公司的不积极主动而造

成的，必然导致财务机制的僵化；反之，分权的极端化，定会导致子公司以及它的生产经营者过度追求经济利益导致失控状态的产生，对整体利益造成严重破坏。合适的集分权相结合不仅可以充分发挥母公司财务的调控职能和激发子公司的生产积极性与创造性，还可以将子公司的风险控制住。这种模式的运用防止了过分集权或分权而导致的危害，充分发挥了集权和分权的优势。

四、国有投资公司财务管理模式的优化策略

（一）加强国有控股企业的财务管理

从财务风险管理的角度，国有投资公司应以财务监管为前提，结合自身的业务特点出发，对于项目单位的管理体系不断进行规范和完善，以使得财务的内控系统得到健全，将财务风险降低至零。

1. 实行全面预算的管理

对关于财务监管机制方面的项目单位战略协同，要加强其财务预算的管理与控制能力，确保预算的顺利进行，即确保了项目单位的权力分配和实施。公司对项目单位在按年、季、月编制财务预算的基础上，对预算的执行情况进行分析，及时纠正错误，查缺补漏，结果要实施评价考核的措施，完善和整改不得当的部分，从而将目标控制与过程控制和结果控制相结合，在一定程度上了解和控制项目单位的财务风险。

2. 建立重大财务的事项报告制度

如果公司项目单位管理过于严格和紧张，很可能"一管就死"，放得过宽过松，又可能"一放就乱"。因此，关键还是要管理得当，只要合乎常理，不越界，就能管理好单位的重大财务项目，就可以授予项目单位经营自主权，充分调动他们的主观能动性的发挥。

3. 强化对项目单位的内部审计

关于项目单位的内部审计方面，除控股项目单位外，要将内部审计延伸到参股项目单位；除年度决算审计外，可根据实际开展征期经济责任审计等专项审计；要注意与项目单位的沟通，在审计的时候，同时要注意方法和介入的时机；审计要深入彻底，整改要落实到位。

4. 完善控股项目单位经营者的激励约束体制

从委托至代理角度进行考虑，基于内在矛盾如信息不对称、契约不完备和责任不对等，可能会产生代理人"道德风险"和"逆向选择"。所以，需要建立激励约束经营者的管理机制，以促使经营者为股东出谋划策，用制衡机制来对抗存在的滥用权力现象。

（二）加强对参股公司的财务管理

（1）实行对国有参股企业中国有资产的立法管理：首先要建立适合国有资产的法律法规体系，健全资产体系，做到依法管理资产和有法可依与依法置产，以保证国有资产体制的管理走上合法化和法制化轨道，尤其对于国有资产流失的查处应该尽快立法。

（2）对于企业内部的国有参股，每年要进行资产的定期清查，对国有资产存量的分布构成进行核查、经营效益、增减变动；建立奖惩分明、落实责任的管理体系，对日常资产进行检查验收与评价。

（3）对于产权转让行为进行规范化，对于产权中心交易智能进行强化。确定国有参股企业的国有资产产权归国家所有，在具备产权转让资格的前提下必须有国家授权机构方可。同时应该规范中介机构的转让，以充分的信息，合法场所，公开、公平交易，公正监督为前提，依法管理。对交易行使统一管理，确保产权交易的规范化、合理性和权威性。

企业作为一个强大的经济组织，它不是依靠固定的财务管理模式，而是在适应自身情况下而不断发展和变化的，要结合我国关于投资实践的大的情形，在财务管理手段和方法上不断努力，提高财务人员防患于未然的财务风险意识，不断更新和完善财务管理系统，以适应市场环境下的千变万化形式，保证企业有效的经济地位，促进企业长足久远发展。

第七节 公共组织财务管理

公共组织财务管理弱化是一个世界性的问题。1989年，美国审计总署和总统管理与预算办公室对联邦政府的"高风险"项目进行研究，识别出多达78个不同的问题，这些问题的存在使得潜在的联邦政府债务达到数千亿美元。为解决上述问题，1990年美国国会通过了《首席财务官法案》，目的在于提高联邦政府的财务管理水平。我国近些年来审计署披露的中央、地方政府部门及某些高校、基金会的违规违纪案件更是令人触目惊心。人们不禁要问这些过去的"清水衙门"为何成了事故频发区，它们到底是怎么管理的，违规违纪案件为何屡禁不止？

在这一背景下，理论界对公共组织财务管理问题展开了研究。英国学者John.J.Green出版的《公共部门财务管理》一书中，以英国为例对公共部门的财政控制、预算等问题进行了概括和总结。我国学者李建发对公共组织财务与会计问题进行了较为全面、系统和深入的研究，在其发表的论文《市场经济环境下事业单位的财务行为规范》《公共财务管理与政府报告改革》等研究成果中对公共组织财务管理的性质、特征进行了分析，并提出加强公共组织财务管理的若干建议。姜宏青在《公共部门理财学科的兴起与建设》一文中从学科建设的角度分析了建立公共部门理财学的必要性，并提出了公共部门理财学科的构建设想。这些研究无疑极大地促进了我国公共组织财务管理理论研究，但总体来说，我国公共组织财务管理理论研究刚刚起步，现有研究成果中就公共组织财务管理某一方面存在的现实问题进行研究的比较多，探讨公共组织财务管理理论问题的研究成果尚不多见。基于此，本节将在吸收前人研究成果的基础上尝试着对公共组织财务管理的内涵、特征、目标及内容进行探讨。

一、公共组织财务管理的含义和特点

公共组织财务管理也称为公共部门财务管理或公共财务管理，是指公共组织（或部门）组织本单位的财务活动处理财务关系的一项经济管理活动。

（一）公共组织

社会组织按组织目标可分为两类：一类是以为组织成员及利益相关者谋取经济利益为目的的营利性组织，一般称为私人组织，包括私人、家庭、企业及其他经营机构等；另一类是以提供公共产品和公共服务，维护和实现社会公共利益为目的的非营利组织，一般称为公共组织，包括政府组织和非营利组织。

在我国，公共组织主要是指政府部门、事业单位和民间非营利组织。从理论上讲，国有企业也属于公共组织，但由于其运行和管理方式比较特殊，一般不把其包括在公共组织中进行研究。

公共组织具有组织目标的非营利性和多样性，提供的公共产品和服务的非竞争性，行为活动的规则导向性以及通过行使公共权力来管理公共事务等特点，这些特点使得公共组织的财务活动明显区别于私人组织。

（二）公共组织财务的特点

公共组织财务包括财务活动的组织及其所形成的财务关系的处理，其中财务活动主要是指围绕组织资金的流入、流出所进行的组织、计划、控制、协调等活动。公共组织财务具有以下主要特点。

1. 财政性

公共组织的资金运营与财政资金有着千丝万缕的联系。①大部分公共组织（主要是政府部门和事业单位）的资金来源于财政资金。②由于政府部门和事业单位是公共财政的具体实施者，因此公共组织财务活动就是财政政策的具体执行和体现。③公共组织财务活动的结果和效率直接影响财政目标的实现。

2. 限制性

公共组织是用别人的钱给别人办事，缺乏责任约束和激励机制，为防止公共组织滥用公共资源，各国政府对公共组织的资金管理一般较为严格。与私人组织相比，公共组织在资金的筹集和使用上受到较多的限制。公共组织资金的筹集、使用方向和金额应严格以部门预算为基础，并非由组织自主决定。公共组织（主要是政府部门）在资金管理权限上受到限制，如我国政府采购制度规定，政府部门采购大宗商品和劳务的活动要由财政部门代为进行，政府部门在资金管理权限上受到相当大的限制。

3. 财务监督弱化

私人组织的财务活动一般会受到来自产品市场、资本市场、投资者、债权人、社会中介等多方面的约束和监督，与私人组织相比，公共组织由于来自所有者和市场的监督弱化，导致其财务监督弱化。①资金提供者监督弱化。公共组织的非营利性决定了公共组织资金的提供者不能从组织的运营中获得经济上的收益，他们既不享有经营管理权，也不享有收益分配权，这样公共组织就缺乏最终委托人的代理人，不存在"剩余索取权"的激励机制。因此，与企业投资者相比，公共组织资金的提供者对组织的经营和财务活动情况关注度较低，对组织运营的监督相对弱化。②市场监督弱化。公共组织提供的公共产品或服务如公共安全、社会秩序等往往具有垄断性，一般不需要由具有竞争性的市场来评价其产品或服务的价值。公共产品市场的这种非竞争性，使得公共组织缺乏来自市场的竞争和监督，这也是造成公共组织资源利用效率低下的原因之一。

4. 财务关系复杂

公共组织财务活动涉及面广，影响大，所体现的财务关系也比私人组织复杂。

①利益相关者众多。公共组织在组织资金运动，提供公共产品的过程中既涉及与财政部门及其他职能部门的关系，也涉及与供应商、金融机构及社会公众等关系，利益相关者众多。②既存在经济关系又存在政治关系。私人组织财务活动体现的是市场规则下的经济关系，而公共组织财务活动所体现的既是经济关系又是政治关系。公共组织的资金从根本上来源于纳税人等社会公众，其产品也是服务于社会大众，其财务活动的背后反映的是政府的政策选择，体现着政府的意图。因此，公共组织资金的流动和分配就不仅仅体现着经济关系，还体现着一种政治关系。

（三）公共组织财务管理的特点

1. 以预算管理为中心

在本质上，公共组织是受公众的委托利用公共资源来提供公共服务的，但它缺乏利润等明确的指标来反映公共组织委托责任的履行情况。因此，公共组织财务管理的一个重要方式就是通过预算模拟市场机制来组织、指挥公共事务活动，通过预算将公共组织所承担的受托责任具体化、数量化、货币化，使之成为代理人的具体目标和委托人控制的具体标准。预算管理是公共组织管理的核心和基础，必然也是公共组织财务管理的中心。公共组织财务管理就是围绕着预算的编制、执行、检查、考核进行的，公共组织的资产管理、收入支出管理、绩效考核等都是以预算为基础展开的。

2.兼顾效率和公平

财务管理的本质是提高资金效率，实现价值增值。虽然公共组织开展业务活动的目的是执行或提供社会管理或公益职能，没有直接的经济目的，但公共组织同样需要讲求效率，追求费用最低化、回报最高化以及正的净现值等目标。只有这样才能充分利用公共资源提供更好的公共服务。当然，公共组织的效率目标可能会与公共组织的其他目标产生矛盾。因此，公共组织在确定财务管理目标、进行财务决策时，要兼顾效率和公平。

3.微观性

由于公共组织资金具有一定的财政性，因此人们常常将公共财政与公共财务混为一谈，用公共财政代替公共财务。虽然公共财政与财务有着密切的联系，但两者的区别还是很明显的。公共组织财务管理是为本单位开展各项业务活动服务的，侧重于公共组织单位微观的财务活动。而公共财政是为保证公共财政职能的全面履行服务的，侧重于政府的宏观财政收支等活动。

4.手段的多样性

企业财务管理主要通过经济手段实现管理目标，而公共组织实现目标的手段更加多样化，既可借助其公共权力通过法律或行政手段实施管理，如预算管理、目标管理等手段，又可引入市场机制通过借助经济手段，如政府采购过程中的招标、公共投资项目决策中成本效益分析等手段。

二、公共组织财务管理的目标

公共组织是以实现社会公益而不是追逐利润最大化为宗旨的非营利组织，其财务管理目标应服从于组织宗旨。财务管理的最终目的是通过价值管理保障组织资源的安全，提高资源的使用效率，为实现组织目标提供物质保障，实现组织宗旨。因此，公共组织财务管理目标是在保障社会公益目标的基础上，科学合理有效地筹集、运用和分配组织的公共资源，实现公共组织效率与公平的统一，具体体现在以下三个层次。

（一）保障公共资源的安全完整

这是公共组织财务管理的初级目标。与企业相比，公共组织缺乏责任约束和激励机制，财务监督弱化，容易造成公共资源的流失和浪费。公共组织财务管理的初级目标就是保障公共资源的安全完整，即通过科学编制政府公共部门的预算，统筹安排、节约使用各项资金，建立、健全政府公共部门的内部控制制度，加强资产管理，保障预算的严格执行，防止资产流失和无效投资。只有保障公共资源的安全完整才能为公共组织实现社会公益提供基本的物质保障。

（二）提高资源使用效率

这是公共组织财务管理的中级目标。公共组织财务管理就是要通过绩效管理、成本控制、资产管理等手段，帮助公共组织科学决策，合理配置使用资源，注重资源的投入产出分析，提高公共组织资源的使用效率。

（三）实现效率与公平的统一

这是公共组织财务管理的高级目标。公共组织财务管理的最终目标就是通过财务管理活动帮助公共组织科学有效地组织分配财务资源，为社会公众提供更好的公共产品和服务，实现"效率"与"公平"的统一。

三、公共组织财务管理的内容

企业财务管理围绕着资金运动而展开，主要内容包括筹集、投资、运营资金管理和利润分配。由于公共组织财务活动的特殊性，公共组织财务管理具有更为广泛的内容，不仅包括对公共资金的管理，而且包括对各种公共资源的管理以及公共组织绩效管理，主要内容如下。

（一）预算管理

预算是公共组织的年度财务收支计划，集中反映了公共组织资金的收支规模、业务活动范围和方向，是其财务工作的综合反映。预算管理是对公共组织进行财务监管所使用的主要手段，通过预算编制可以提高公共组织对未来事务的预见性、计划性，规范公共组织财务收支活动。预算审批特别是政府部门的公共预算审批实质是民主参与公共资源分配决策、提高公共财物透明度的一种形式，是对公共组织财务活动的一种事前控制。

1. 公共组织预算与公共预算的关系

公共预算（也称政府预算）是综合反映一级政府年度收支的计划，是政策性的，反映的是政府的意图，体现的是公平。公共预算主要用于配置资源，分配收益和成本。公共组织预算是执行性的，是具体部门的年度收支计划，反映的是公共资源使用的效率。

公共组织（主要是政府部门和事业单位）预算是政府预算的基础，公共预算由各具体的政府部门预算和事业单位预算构成。公共组织预算是在公共预算的框架下编制和实施的。

2. 公共组织预算管理的内容

从预算管理的流程来看，公共组织预算管理主要包括：①预算基础信息管理。公共组织预算是在充分分析组织相关信息，如人员数量、各级别人员工资福利标准、工作职能、业务量、业务物耗标准等的基础上编制的，基础信息的全面、准确是预算编制科学性的重要保障。在相关信息中，定员定额信息是最重要的基础信息，定员定额是确定公共部门人员编制额度和计算经费预算中有关费用额度标准的合称，是公共部门预算编制的依据和财务管理的基础，也是最主要的单位管理规范。受我国政府机构改革的影响，近年来政府机构撤销、增设、合并频繁，政府部门原有的定员定额标准已不符合实际情况，迫切需要重新制定科学合理的定员定额标准。另外，还应建立相关的统计分析和预测模型，对部门收支进行科学的预测，提高预算与实际的符合度，便于预算的执行和考核。②预算编制。预算编制管理的核心是预算编制、审批程序的设计和预算编制方法的选择。③预算执行。预算执行环节的管理主要是加强预算执行的严肃性，规范预算调整行为，加强预算执行过程中的控制。④预算绩效考核。预算绩效考核是将预算执行结果与业绩评价结合起来。

（二）收入与支出管理

公共组织收入一般是指公共组织为开展业务活动和完成公共任务依法获取的非偿还性资金。公共组织支出一般是指公共组织为开展业务活动和完成公共任务发生的各项资金耗费与设施。

企业的收支活动都是通过市场竞争实现的，所以，只要符合国家法律和企业战略要求，其收入越多越好，并且收入与支出之间存在明显的配比关系。公共组织的收入大多是靠公共权力强制获得的，支出与收益也不存在明显的配比关系。这样，作为公共组织的管理者有可能存在道德风险，为了部门或个人利益滥用公共权力"自立规章，自收自支"，各种收费、罚款、集资、摊派，损害公共利益。因此，公共组织财务管理应更加关注组织收入与支出活动，其目的是合理确定收入规模，规范收入来源，优化收入结构，正确界定公共支出范围，规范支出活动，建立合理的理财制度。

公共组织收支财务管理制度一般有以下几个。

1. 内部控制制度

在公共组织内部科学设置职务和岗位，使不相容的职务和岗位分离，形成部门和人员间相互牵制、相互监督的机制，防范公共组织在资金收支活动中的资金流失、被侵占、挪用、转移和贪污等问题的发生。

2. 财务收支审批制度

建立健全公共组织财务审批制度是部门财务管理工作的关键环节，只有这样才可能保证公共组织收支规范化。

3. 内部稽核制度

公共组织要建立内部监督审查制度，定期对组织资金的收支情况进行监督审查，及时发现问题，防止出现资金管理方面的漏洞。

（三）成本管理

由于公共组织的公共特性，长期以来我国公共组织特别是政府部门只问产出，不问投入，只算政治账，不算经济账，以致行政成本总量偏高、投入与产出明显不对等，这种情况在事业单位和一些民间非营利组织中同样存在。

公共组织成本管理应包括以下内容。

1. 综合成本计算

寻找成本驱动因素，按驱动率分配管理费，并归集到相应的职能、规划、项目和任务中，以便在资源成本率分配管理费用，和资源用途之间以及成本和业绩之间构建联系，从而明确各自的责任。

2. 活动分析和成本趋势分析

对政府项目和流程进行分析，寻找较低成本的项目和能减少执行特定任务的成本途径。

3. 目标成本管理

目标成本管理即恰当地制定和公正地实施支出上限，合理控制业务成本。将成本同绩效管理目标联系起来，实施绩效预算和业绩计量。

（四）投资管理

公共组织投资主要是指由政府或其他公共组织投资形成资本的活动。公共组织投资包括政府组织投资和非营利组织投资。其中，政府的投资项目往往集中在为社会公众服务，非营利的公益性项目如公共基础设施建设等，具有投资金额高、风险大、影响广等特点。非营利组织投资主要是指非营利组织的对外投资。

公共组织投资活动的财务管理主要侧重于以下三点。

（1）对投资项目进行的成本—效益分析和风险分析，为公共组织科学决策提供依据。政府投资项目的成本效益分析要综合考虑项目的经济效益和社会效益；

（2）健全相关制度，提高投资资金的使用效率。如采用招投标和政府集中采购制度，提高资金使用效率；

（3）建立科学的核算制度，提供清晰完整的投资项目及其收益的财务信息。

（五）债务管理

公共组织债务是指以公共组织为主体所承担的需要以公共资源偿还的债务。目前，在我国比较突出的公共组织债务是高校在扩建中大量银行贷款所形成的债务。

有些学者将政府债务管理纳入公共组织财务管理中，笔者认为是不妥的。因为大部分的政府债务如债券、借款等是由政府承担的，并未具体到某个行政单位，行政单位的债务主要是由一些往来业务形成的且一般数量并不大。政府债务应属于财政管理的范畴，行政单位的债务管理属于公共组织财务管理的范畴。

从财务管理角度实施公共组织债务管理的主要内容如下。

（1）建立财务风险评估体系，合理控制负债规模，降低债务风险。公共组织为解决资金短缺或扩大业务规模，可以适度举债。但由于公共组织不以营利为目的，偿债能力有限，因此，建立财务风险评估体系，根据组织的偿债能力，合理控制负债规模，降低债务风险。

（2）建立偿债准备金制度，避免债务危机。

（3）建立科学的核算制度，全面系统地反映公共组织的债务状况。

（六）资产管理

公共组织资产是公共组织提供公共产品和服务的基本物质保障，然而由于公共组织资产的取得和使用主要靠行政手段，因此随意性较大。目前，我国公共组织间资产配置不合理、资产使用效率低、资产处置不规范等现象较多。

从财务管理角度实施公共组织资产管理的主要内容有以下几点。

（1）编制资产预算表。公共组织在编制预算的同时应编制资产预算表，说明组织资产存量及其使用状况，新增资产的用途、预期效果等，便于预算审核部门全面了解公共组织资产状况，对资产配置做出科学决策。

（2）建立健全资产登记、验收、保管、领用、维护、处置等规章制度，防止资产流失。

（3）建立公共资产共享制度，提高公共资产的利用效果。

（4）完善资产核算和信息披露，全面反映公共组织资产信息。

（七）绩效管理

建立高效政府、强化公共组织绩效管理是各国公共管理的目标。绩效管理重视公共资金效率，将公共资金投入与办事效果相比较，促进公共组织讲究效率，是实现公共组织社会目标，建设廉洁、高效公共组织的必要条件。

从公共组织财务管理的角度来看，主要是把绩效管理同预算管理、公共支出管理等内容结合起来。

（1）建立以绩效为基础的预算制度，将绩效与预算拨款挂钩。

（2）建立公共支出绩效评价制度。

（3）在会计报告中增加年度绩效报告。

（4）开展绩效审计，进行有效监督。

第四章 企业财务融资管理

第一节 企业融资财务管理的思考

财务管理工作是企业生存和发展的基础，企业财务管理活动离不开融资，资金是企业发展的动力源泉。随着企业经营规模的扩大，资金需求量不断增大，需要通过更新融资管理理念、提高财务人员素质、拓宽融资来源渠道、规范融资工作流程等措施，强化企业融资功能，增加资金供给，满足资金需求，提高资金使用效益，制订科学的融资方案，以较低的成本获得较大的收益，实现资本增值，促进企业持续稳定地发展。

随着经济全球化的来临，企业竞争日趋激烈，企业竞争既是科技竞争，也是管理竞争，凸显了加强企业财务管理的紧迫性。财务管理工作是企业生存和发展的基础，是企业管理的重要组成部分，关系到企业的正常运行和长远发展，企业发展离不开财务管理，财务管理活动贯穿于企业经营中的各个环节，涵盖了筹资、投资、预算、运营、回收、分配等诸多环节。财务管理的对象是资金运动，财务管理活动每个环节都涉及资金运动，企业筹资是财务管理活动的起点，没有资金，企业财务管理活动无法开展。

一、我国企业融资管理存在的问题

长期以来，我国部分企业管理者融资理念淡漠，认识不到融资的重要性，权力过度集中，对融资管理工作随意进行干预，融资管理制度形同虚设；财务管理人员紧缺，身兼多职，职责分工不明确，存在违规操作和会计舞弊等现象，人员素质有待提高；企业融资渠道狭窄，融资成本较高，满足不了企业的融资需求，过度依赖银行贷款，导致企业过度负债；缺乏准确的融资战略定位，融资方案缺乏科学性与可行性，企业信用等级较低，导致融资结构不合理，加剧融资困难，加大企业融资风险。

二、企业融资与企业财务管理的关系

融资是企业依据自身发展需要筹集资金的行为，是企业财务管理活动的起点，是企业拓宽融资渠道和增加资金供给的重要途径，企业融资与财务管理关系密切，二者

相互联系、相互影响，企业财务管理活动离不开融资管理，融资也离不开财务管理人员的支持。财务管理能力的提高与融资渠道的拓宽都有利于企业战略目标的实现。融资具有双面性，既给企业带来发展机遇，实现企业资本增值，提高企业经济效益，也给企业带来融资风险，融资不确定性给企业带来一定的风险。

三、加强企业融资管理的对策建议

随着企业规模的扩大，企业资金需求量增大，融资渠道日益增多，融资风险也日益凸显，需要提高财务管理人员的融资能力和风险防范能力。制订科学的融资计划，规范融资工作流程，拓宽融资渠道，提高资金使用效率，选择风险适度的融资方案，加强财务风险分析与监控，优化融资组合方式，降低融资成本，以最小的成本获得最大的收益，融资成为企业扩大生产经营的有效途径，可以满足生产规模扩大的资金需求，促进企业长远和高效地发展。

（一）更新融资管理理念

树立以人为本理念。树立企业全体员工以人为本理念，人人关心企业融资，充分认识到融资管理的重要性，将人本管理思想贯穿于企业融资管理活动的始终。加强员工职业道德教育，提高其思想道德水准，激励全体员工做好本职工作，自觉遵守各项融资管理制度，完善企业内部的管理奖罚机制，增强全体员工工作的责任感与使命感，建立诚实守信与敬业爱岗的企业文化，努力提高企业声誉与威望；财务管理人员需要按照不相容职务分离原则，明确工作职责的范围，加强分工协作，使得不相容岗位和职务之间相互配合、相互牵制与相互监督，建立定期轮岗制度，及时发现财务管理漏洞，为开展融资管理营造良好的环境，紧紧围绕融资管理开展工作，对融资过程中可能出现的风险进行预测，降低融资风险，保证企业资金使用的合理性与安全性。

树立成本效益理念。在企业融资过程中要树立成本效益理念，坚持成本与效益配比原则，建立以成本控制为手段的融资管理制度，确定资产与债务的合理比例，提高企业资金的使用效率，增强企业债务的偿还能力，以最低的成本获得最大的收益；加强财务管理人员的学习与培训，将理论与实践结合起来，增强其综合素养与能力，采用先进的信息技术建立财务管理平台，提高融资方案的科学性与可行性，充分考虑到市场的发展变化情况，加强融资风险预测，通过风险预警、风险识别、风险评估、风险分析等措施，及时调整融资方案，在收益与风险之间找到最佳的平衡点，尽可能选择风险较低的融资方案，降低融资风险，保证资金安全，增强企业盈利能力，提高企业竞争力与抵抗风险的能力。

（二）提高财务人员素质

企业财务人员是财务管理工作的主要执行者与责任人，担负着开展财务管理活动的职责与使命，其综合素质与专业能力的高低直接影响财务工作的质量。随着信息化社会和经济全球化时代的来临，信息技术迅猛发展，知识更新速度越来越快，资本市场变幻莫测，企业所面临的财务环境日益复杂，财务风险时常出现，对财务管理人员的综合素质与专业能力要求也越来越高。要求财务人员具有良好的道德素质，德才兼备，敬业爱岗，诚实守信，廉洁自律，增强工作责任感和使命感，遵守职业道德规范，坚决制止以职谋私和徇私舞弊等违法行为，维护国家财经法规，严格遵守财务管理制度，确保财务信息真实准确，资金使用合理有效，资产保管安全完整；要求财务人员具有良好的专业素质，博学多才，知识全面，专业精通，能力综合，通晓专业理论，具有完备的知识结构体系，熟悉财务管理、会计、金融、法律以及计算机网络等多学科知识，具有财经、法律、信息技术等多元化知识结构，及时更新知识结构，拓宽知识的广度与深度；具备业务操作能力、信息处理能力、职业判断能力、参与决策能力、沟通协调能力，熟悉日常财务业务的处理流程与操作，能够收集整理与判断分析各种财务信息活动，具有互联网思维和创新意识，熟悉现代信息技术，熟练地运用计算机与财务软件，拓宽专业视野，及时了解财务专业的前沿发展动态。财务人员必须顺应时代发展潮流，与时俱进，坚持学习，树立终身学习的理念，加强财经法规、职业道德、专业理论及信息技术等知识培训，提高自身专业素质。企业管理者必须加强财务管理人员的业务培训与考核，通过业务进修、专题讲座、学术研讨等形式提高财务人员的专业技能和业务素质，健全绩效考核制度和激励机制，把财务人员的业务培训与业绩考核结合起来，促进财务人员提高财务管理能力。

（三）拓宽融资来源渠道

资金是企业经营活动的血液，是企业生存的命脉，资金运动是企业财务管理的核心内容，企业财务管理活动是围绕资金运动开展的。从企业内部来看，企业必须合理运用资金，科学配置资产负债比例结构，提高资金使用效率，加快资金周转速度；从企业外部来看，企业必须抓好资金的源头，积极筹集资金，重视融资管理，拓宽融资渠道，采用多种融资方式，增强企业的融资能力。随着企业经营规模的扩大，对资金的需求随之加大，仅仅依靠企业内部融资，已经无法满足企业发展的需要。企业融资渠道多种多样，可分为内部融资和外部融资，内部融资渠道包括。企业投资者按照持股比例注入企业的资本金、企业经营过程中以盈利方式获得的资金、企业股东增资扩股追加的资本金以及企业向内部员工配股发售集资的资金等；外部融资包括企业通过抵押、担保、信用的方式向银行贷款，企业通过证券市场发行股票和债券融资，接受合作方投资资金以及临时占用应付暂存款项等短期融通资金，外部融资逐渐成为企业融资的主要渠道，主要依靠银行贷款，银行贷款比例逐步加大，企业遵循成本效益原则，需要考虑企业财务状况和偿债能力，遵纪守法，诚实守信，树立企业品牌形象，提高企业信用等级，建立良好的银企关系，客观真实地向银行披露财务信息，各金融机构应根据国家金融政策和企业发展需要，尽量放宽企业贷款限制与贷款额度，满足企业融资需求，支持企业经济发展，促进企业长远发展。

（四）规范融资工作流程

企业必须规范融资工作流程，建立融资管理制度，控制融资管理进程，细化融资过程中的每个环节，集中管理，分级授权，责任到人，将融资管理与内部控制结合起来。按照成本效益原则，加强资金日常管理，掌握资金使用情况，做好资金事前审批、事中控制、事后评价工作，重视资金运行情况的披露与分析；制订科学合理的融资战略规划，考虑到国家融资政策、企业经营特点、财务状况、未来发展目标等情况，选择合适的融资渠道和融资方式，明确企业融资规模与融资结构，加强融资规模、融资成本以及融资风险的测算与评估，及时预测潜在的融资风险，降低融资成本与风险，确保融资规模与企业融资能力以及未来发展目标相适应；制订科学合理的融资方案，提高融资方案的科学性与有效性，严格按照融资工作流程的要求，对多个融资方案进行比较分析，选择风险最小且成本最低的融资方案，提高融资方案和融资过程透明度，选择企业最佳的融资渠道，依照企业实际生产经营、财务状况的变化情况不断优化融资方案，拓宽融资渠道，降低融资成本，实现对企业资源的合理配置，满足企业融资需求。

综上所述，财务管理是企业管理的重要组成部分，财务管理的对象是资金运动，财务管理活动离不开资金，资金贯穿于企业生产经营活动全过程，资金是企业发展的助推器。随着经济全球化和我国经济的快速发展，市场竞争变得越来越激烈，企业生存与发展环境发生了很大的变化，企业扩大生产规模，资金需求越来越大，融资渠道较窄和融资困难等问题制约着企业发展，资金短缺使得企业发展后劲不足。企业需要认识到财务管理与企业融资的相互联系与相互依存关系，在融资过程中强化成本效益理念与责任意识，优化企业资源配置，合理使用资金，提高资金使用效率。加强融资管理，必须更新融资管理理念、提高财务人员素质、拓宽融资渠道、规范融资工作流程，增强融资方案的科学性和合理性，有效降低融资风险，提高企业经济效益，增强企业的核心竞争力，保持企业持续稳定发展。

第二节　企业财务管理与融资渠道问题

随着我国社会经济快速发展，我国正处于经济结构调整与经济体制转变的重要阶段，企业财务管理模式和财务管理水平与企业融资问题受到各行各业广泛的关注。企业领导人员必须提高对企业财务管理和融资渠道开发重要性的认识，优化财务管理方式，不断拓宽融资渠道，从而有效解决融资难的问题。接下来笔者将对企业财务管理与企业融资渠道之间的关系进行详细分析，并对企业经营管理中面对的财务管理与融资渠道的相关问题加以研究，最后提高企业财务水平，拓宽企业渠道的对应措施，以供参考。

社会经济快速发展，市场竞争日趋激烈。企业为了保证自己在激烈的市场竞争中不被淘汰，依然保持独特的优势，促进企业经济效益稳步增长，必须不断加强企业自身内部控制，提高财务管理水平，拓宽企业融资渠道，扩大融资规模，尽可能降低再投资和经营管理过程中可能存在的经济风险，以此不断提高企业资金使用率，保障企业资金良好运转。但是就目前而言，企业融资问题是我国大部分企业主要面临的重要问题之一，必须结合现实的市场环境以及企业实际的经营状况，选择最佳的方式拓宽融资渠道，实现融资。

一、企业财务管理与企业融资之间的关系

在企业经营发展过程中，企业财务管理与企业融资是密不可分、相辅相成的。融资是企业发展的重要环节，起着极其重要的作用。企业完成融资之后，企业会有充足的资金支持企业各项经济业务的开展，保障企业正常稳定运行，而企业财务管理是对企业融资、集资、投资等各项资金进行管理，将这些资金加以分配，让资金投入各个运营项目中或各个岗位中都能够实现经济效益最大化，为企业带来更多的利润。在现阶段市场经济竞争日益激烈的背景下，企业只有不断扩大经营规模才能实现盈利，而扩大经营规模的前提，首先企业是应加强融资，扩大融资渠道，保证有更多的资金来源和资金能够支撑企业在未来扩大经营的过程中有充足的后勤资金保障。

二、企业财务管理与企业融资渠道相关问题研究

（一）企业缺乏科学合理的财务管理制度

在企业经营管理过程中，企业财务管理是企业经营管理的重要组成部分，是企业所有项目运营的基础，只有科学合理的财务管理才能保证企业其他所有部门正常运行，保证所有运营项目顺利稳定地开展。但是在实际经营管理中，财务管理内容非常复杂，工作量非常大。截至目前，我国并没有针对财务管理制定相应的法律法规和相应的条文制约，因此必须是企业自身根据发展行业的市场前景以及企业的实际经济效益和运营情况，制定适合企业自身经济发展的财务管理制度。但是由于我国部分企业管理人员对于财务管理的重要性认识不足，并没有及时制定相应的财务管理制度。

（二）企业内部财务管理权责不清，会计制度有待完善

由于我国大部分企业的管理人员对于内部控制的重要性认识不足，导致没有制定详细的内部控制制度，对工作人员的工作内容和职责没有加以详细划分，在企业财务管理中容易出现权责不清的状况，尤其企业领导人员将财务管理和会计核算工作加以详细区分，但是又没有制定适合企业发展的会计制度，企业领导人员还要将财务相关数据和管理方式牢牢抓在自己的手中，加强领导的集权，对各项财务管理工作内容都加以干预和影响，导致企业领导很多时候并没有结合市场实际情况以及企业经济效益制定正确的发展战略，无法借助财务信息提高自身竞争力完成企业融资，从而影响企业经济效益正常运转。

（三）企业尚未建立健全的融资渠道

在企业经营管理中，企业融资规模和融资渠道对于企业经营发展有着至关重要的影响。企业融资规模大，融资渠道多，有利于促进企业不断提高财务管理水平，有利于扩大企业经营规模，为企业提供更多的资金支持，但是从目前的市场行情来说，我国企业财务管理在融资方面依然存在问题。企业财务管理尚未建立健全融资渠道，融资困难，融资渠道过于狭窄。尤其中小型企业很难实现融资，吸引更多的资金注入。自身在经营管理过程中生产的产品缺少市场竞争力，缺乏专利技术加持，无法吸引投资人和银行的青睐，甚至还存在部分企业"空手套白狼"的现象，利用融到的资金发展生产，实现企业经济效益。这样的企业不具备偿还贷款的能力，对于投资企业来说存在较大的风险。为此，企业尤其中小型企业很难实现融资。

三、提高财务管理水平，拓宽企业融资渠道的措施

（一）建立完善的财务管理制度

一个企业的发展情况是由企业的财务管理来决定的，企业财务管理水平高，有科学合理的财务管理制度，能够促进企业财务管理各项工作有条不紊地进行，提高财务管理效率，促进企业各部门之间经济有效运转，结合市场行情变化以及企业实际经营状况制定相关财务数据报表，为企业领导人员做出正确的战略决策提供数据支持，使企业发展更加顺利。为了促进企业健康稳定发展，企业管理人员首先应建立健全完善的财务管理制度，严格控制企业各项运营资金的支出，提高资金使用率，降低经济风险，从而保障经济的安全性，顺利实现企业融资。

（二）明确划分权责，完善会计管理制度

在企业经营管理过程中，为了实现企业融资、扩大企业融资渠道、提高企业财务管理水平，企业领导人员应提高对企业财务管理工作和会计核算工作重要性的认识，

加强企业内部控制，明确企业各个部门管理人员以及领导人员的权责范围，将工作内容划分清晰，保证各部门之间的工作有条不紊地运行，同时制定完善的会计管理制度，将会计工作加以流程化、科学化处理。建立相应的财务监督部门，对企业财务工作人员的工作内容和工作方式以及企业资金支出明细加以监督，保障资金的安全性，减少挪用公款、贪污腐败等现象的出现。

（三）丰富和拓展融资渠道

截止到目前，经过大数据调查发现，我国很多企业在融资过程中，普遍存在的一个问题就是融资渠道过于狭窄，过于单调。企业在实现融资时，只能根据企业发展行业和相关专业寻找融资渠道，使得融资渠道面小，无法快速实现融资，归根结底也是因为企业发展战略和企业自身经营状况中存在的问题，企业制定的战略错误无法实现企业和融资企业利益双收。为此企业应高度正视这个问题，在经营管理中正视企业自身财务管理水平，制定相应的数据报表，确保数据的真实性，优化管理方式，提高企业财务管理水平和经营管理水平，丰富和拓宽就业渠道和融资渠道。

（四）提高财务管理工作人员的专业能力素养

企业财务管理对于企业经济发展有极其重要的影响，对于企业融资水平和融资数额有至关重要的作用。为了促进企业顺利实现融资，企业管理人员应提高对于财务管理工作重要性的认识。提高财务管理工作人员的专业能力素养，加大培训，招揽更多专业的财务管理工作人员，提高财务管理工作水平，强化财务管理理念，以便在后期企业顺利融资之后能够以更加科学合理的方式将资金分配到各项经营项目中，提高资金使用效率，实现融资资金利益利润最大化，降低资金存在的风险，确保企业健康稳定运行。

综上所述，通过对企业财务管理与企业融资渠道之间的关系进行详细分析，并对企业经营管理中面临的财务管理与融资渠道的相关问题加以研究，在企业经营管理过程中，企业领导人员必须不断增强财务管理意识，加强企业内部控制，建立完善的企业财务管理制度，明确财务管理的各项权责，完善会计管理制度，提高财务管理工作人员的专业能力素养，从而提高企业财务管理效率和水平，提高企业竞争力，促进企业丰富和拓展融资渠道，促进企业健康稳定发展，实现经济效益最大化。

第三节　政策性融资担保公司财务管理

随着社会的不断发展，中小企业成为推动经济发展的一股重要力量，能够帮助解决社会就业等问题。中小企业融资较为困难，国家出台的融资担保政策为中小企业实现更好的生存和发展提供了可能。下面将对政策性融资担保行业的特点进行阐述，分析公司财务管理中存在的普遍问题，最后对财务管理优化方式进行讨论，给出优化建议。

现阶段，融资担保公司要承担较大的经营风险，风险的主要来源是工作开展过程中较高的经营杠杆。公司在开展业务时一定要谨慎处理公司和银行间的关系，避免担保风险升级，变成严重的金融风险和地方性金融风险。通过对政策性融资公司的调研可以发现，政府的各项资金补充和补偿机制仍然不够健全，征信平台和信息发布平台没有及时建立和完善，这对政策性融资担保公司的业务开展形成了较大阻力。

用何种方法平衡中小型企业间的关系是当前的热点问题。高效的财务管理能够促进政策性融资担保公司平稳发展，同时也能显著降低它们的经营风险。政策性融资担保对社会的和谐稳定具有重要意义，体现了我国金融环境的不断优化。中小企业通过政策性融资取得收益，能够促进社会经济进步。政策性融资担保具有诸多优势，但在具体的操作过程中仍会遇到许多问题，比如，政策性融资担保行业管理制度不健全，政府的资金补充和损失补偿机制不完善等，因此政策性融资担保公司在经营时有很多困难需要克服。

一、政策性融资担保行业概述

政策性融资担保行业的主要任务是为各种债务融资提供担保。商业银行通常认为小微型企业的信用问题比较严重，提供贷款要承担较大的金融风险，因此审核过程复杂、审核标准较高，而政策性融资担保公司正是基于小微企业的贷款需求提供信贷担保。政策性融资担保行业从产生之初就具有风险属性，可以称为"刀尖上的舞者"。传统政策性融资担保公司在发展过程中暴露出较多问题，主要包括规模较小、人才专业性不高、资金投入不足等。这些问题导致政策性融资担保公司的抗风险能力不足，一些政策性融资担保公司由于持续运营能力较弱，在公司起步阶段就入不敷出，在与商业银行长期合作的过程中没有占据优势地位，加之行业起步晚、行业基础薄弱、金融风险防控能力不足，并且缺少健全的财务管理制度，这些都使得政策性融资担保公司在建立后的很长一段时间，都处于高风险、低收益的情况。可以说政策性融资担保行业是金融风险抵御能力最弱的一个行业，也是最没有能力降低经营风险的行业。经济上行时，小微企业能够迎来短暂的春天；当经济下行时，小微企业会很快进入寒冬，短期生存压力急剧增加。这种小微企业的生存压力变化导致政策性融资担保公司要承担更大的代偿风险。

二、政策性融资担保公司财务管理中存在的问题

（一）缺乏复合型财务管理人才

政策性融资担保公司通常有专门负责法律业务和金融业务的人才，丰富的人力资源推动了公司的发展进步，在公司规模进一步扩大后，对人才的需求也进一步提高，然而兼具金融专业知识和财务管理知识的综合性人才较少。大部分政策性融资担保公司的管理人员在公司规模不断扩大的过程中，没有认识到金融风险对公司的影响，忽视了行业高杠杆带来的各种风险。

（二）财务内部监管不力

政策性融资担保公司依靠严格的内部监管和准确的担保风险判断才能安全稳定地开展业务，在一定范围内，政策性融资担保公司可以有效地控制风险。由于财务内部监管不力，部分政策性融资担保公司为了追求高收益而开展非法的高风险业务，存在给不符合业务要求的企业进行担保的行为，最终给公司带来较大的经营风险。

（三）抵御风险能力不够

政策性融资担保公司由于风险识别能力较弱，在经营过程中不能有效地控制并化解风险。政策性融资担保公司在业务开展中，最主要的问题是风险处理能力不足，经营过程中存在的风险随时有可能放大，最终造成严重的经济损失。首先，政策性融资担保公司承接超过实际收入10%的责任金额，对可能带来的巨大风险就无法进行把控。因此，国家确立的中小企业融资担保规定责任金额不得超过公司实际收入的10%，出台该管理规定的目的就是保护政策性融资担保公司，降低其金融风险。如果政策性融资担保公司没有配套的信息平台和完善的信息公开机制，就可能在经营过程中出现信息公开不及时、不准确的问题，使得监管机构对"公司实际收入10%"的计算和判断出现严重偏差。如果信息的准确性得不到保证，就会使得公司为了追求利益而大幅度提升担保额度，最终在融资担保时承担超过公司承受能力的风险。其次，对融资担保过程缺乏专业判断。公司为加快融资速度，可能会对会计数据信息进行更改，使财务报表上体现的业绩数据更"完美"，但这种做法会使政策性融资担保公司承担巨大的风险，一旦出现问题会影响公司的发展，甚至对公司造成致命打击。政策性融资担保公司缺少专业的手段对风险进行准确判断，导致公司风险抵御能力不足，不能采取正确的措施控制风险、阻止更大的损失。

三、关于优化政策性融资担保公司财务管理的思考

（一）完善内部控制体系

政策性融资担保公司要实现全面发展，需要以完善公司的内控制度和体系作为切入点。

1. 建立有效的内部控制制度

政策性融资担保公司要实现有效管理，就要规范融资担保行为，按照严格的审计经营原则开展工作；建立有效的风险预警系统，及时发现并控制风险；成立专门的部门评估担保过程，并做好突发金融事件应急处置预案。融资担保是一种风险较大的财务行为，只有建立健全公司财务内部控制制度才能规避金融风险，更好地实现企业的发展建设。

2. 以完善的制度强化风险管理

政策性融资担保行业是一个高杠杆、高风险的行业，因此要采取有效的手段对公司的风险进行管控。首先，要健全审核制度。政策性融资担保公司要建立健全管理制度，完善相关管理办法，让融资担保过程有据可依。通过落实详细的管理办法全程监督融资担保前后涉及的评审过程、担保过程和代偿追偿过程。其次，要研究反担保方案。在担保过程中注重对企业核心资产的控制措施及反担保措施，采取多种形式开展反担保工作。

（二）加强贷前贷后管控

财务审核工作是融资担保前最为关键的一个环节，要严格审核主体的贷款资格、全面掌握信用记录、加强主体贷前管控。聘请专业审计机构的人员对贷款主体进行定期审计，以客观准确地了解企业运营情况和财务状况，通过管控使企业的担保风险降到最低。

政策性融资担保公司不仅要在融资前与银行进行充分的沟通交流，还要在融资和担保过程结束后及时跟进融资企业的资金走向和使用情况，对贷后企业资产的异常变化进行常态化监督。

（三）调整财务管理侧重点

可以根据规模、结构、发展水平、成立目的等标准将财务担保公司分为很多种，融资担保公司因工作特点有不同的侧重。政策性融资担保公司在建设和发展过程中一定要清晰准确地设定公司财务管理的侧重点，提高财务管理效率和财务管理水平。

政策性融资担保行业是一个高风险行业，政策性融资担保公司服务的贷款主体是规模较小的企业，给这些企业提供贷款担保，注入源源不断的资金，业务开展过程中

存在多种风险，财务管理工作存在较多问题，如缺少复合财务管理人员、财务内部监管不力、管理规章制度不完善等。要解决上述问题，企业需要结合自身实际情况采取针对性措施，通过财务管理保障公司的长远发展。在现行经济形势下，政策性担保公司的业务量在不断增加，业务形式更加复杂，公司要实现长远发展，需要研究一套完整有效的风险管理体系，切实控制各项担保业务的风险。

第四节　国有企业融资过程中的财务管理

对于国有企业的发展来讲，在经济水平快速提升的过程中，市场经济体制在不断完善，所以国有企业在融资时，相应的融资方式也变得越来越多样化，相比较过去具有很大不同。在这种变化背景下，国有企业进行融资时，所面临的财务管理问题也越来越多，所以本节就财务管理工作在国有企业融资过程中所发挥的重要作用，以及新时代发展背景下，国有企业融资出现的财务管理问题和相应对策进行探讨，避免国有企业在融资过程中面对大量风险，全面提高国有企业融资水平。

对于企业来讲，在发展过程中需要根据自身的发展特点制定发展战略及目标，然后通过相应的渠道及方法来筹集资金，从而保障企业在发展过程中能够拥有充足的资金支持。在社会经济快速发展的背景下，国有企业在进行融资时渠道变得越来越多，但在融资渠道变多的同时，国有企业进行融资时所面临的风险也在不断增加。所以，对于国有企业来讲，在进行融资的过程中，需要基于当前的市场发展背景以及企业可持续发展的目标，加强融资过程中开展的财务管理工作，有效规避融资风险

一、国有企业融资中财务管理工作的重要性

（一）全方位应对融资需求

对于国有企业来讲，在进行每次融资的过程中，对于融资的资金数会进行预算，从而确定资金需求规模，然后在此基础上对企业内部利润进行分配，并对留存利益进行调整。所以，对于国有企业来讲，可以将财务管理工作当中所获取的相关数据作为开展上述工作的基础，从而保证在融资时能够确定大概的融资规模，通过最低的融资成本获得外部资金，同时又能保证企业的正常运营。

（二）提升融资决策科学性

因为对于国有企业来讲，开展融资工作时，财务管理工作能够就融资的规模及数额进行全面的了解及掌握，然后在此基础上进行有效控制，从而避免在融资过程中，因为错误估计融资规模导致出现资金短缺或者是资金剩余等问题，影响企业的运营和长期发展。

（三）降低企业融资成本

因为财务管理工作最主要的目的就是让企业能够对当前市场当中的融资成本波动进行掌握，然后确定科学合理的融资额度范围，在此基础上科学合理地制订成本最低的融资方案，保证企业既能够实现持续稳定运营，同时又能够投入最低的成本获得企业战略发展所需的资金。在这一过程中，对于企业财务管理工作人员来讲，需要就企业内部的资本结构进行全面了解，而且要能够及时应对融资市场当中所出现的波动以及变化情况，及时调整企业融资计划。

（四）控制管理融资风险

相比较中小企业来讲，国有企业在发展的过程中，因为自身所承担的社会责任比较多，所以应当通过财务管理工作，对融资决策透明度进行提升，将融资所获得的资金进行合理应用，避免在项目建设过程中出现资金盲目投入的情况，增加投资的风险。

二、国有企业融资中的财务管理工作对策

（一）提高财务管理部门的独立决策能力

对于财务管理工作来讲，在进行融资时需要就财务类工作部门的独立决策能力进行提高，从而保证融资过程更加科学且规范。所以，融资中的财务管理工作应遵循以下几个原则：一是责任和权利结合的原则，在融资的过程中需要由责任主体进行负责，并且对相应的权利及责任进行约束及规范，当出现资金浪费时应当追诉责任主体的责任。二是经济和技术相结合的原则，这一原则的主要目的就是在进行资金融入时将经济分析和技术比较作为融资管理中的控制工具。三是全面控制原则，全面控制主要是在资金融入使用的过程中，需要就费用控制意识进行全面贯彻及落实。四是目标管理原则，主要是在融入资金使用及管理的过程中，应当遵循目标计划进行资金的使用及管理，不能随意更改计划。

（二）完善融资建设管理制度

对于当前财务管理工作部门来讲，需要在国有企业开展融资工作时，对融资资金进行细节管理，对融资资金使用时可能会出现的风险进行合理评估，然后制定相应的风险防范及控制措施。因为对于国有企业来讲，随着时代的不断发展，融资过程中的相应渠道也变得越来越多元化而且越来越丰富，所以应当尽可能地选择低成本且低风险的融资方案。同时对于企业来讲，应当要增强内部控制及管理，加强对会计信息的披露，质量提升，使外部融资以及投资者能够对国有企业的会计信息进行全面的了解，尽可能地降低国有企业的融资成本。此外，国有企业还需要增加财务披露系统及财务

报告服务性机构的建设，而且要加强动态分析，从而使国有企业财务管理工作的各项状况能够得到动态化的展现。

（三）加强监督及审核

监督及审核主要是融资方案要进行审核，以保证所选择的融资方案科学合理，不会影响企业的正常运转以及资金使用。同时，还需要就融资方案进行改进和完善，就其中存在的不合理内容进行剔除，然后不断完善融资方案的合理性。

综上所述，对于现如今我国国有企业进行融资工作来讲，财务管理工作最主要的目的就是规避融资风险，从而提高融资的安全性以及资金的使用效率，所以应当就融资过程中财务管理工作中存在的问题及对策进行全面探讨。

第五节　地方国有企业财务管理融资

在市场竞争压力日趋激烈的背景下，对于企业发展中的资金需求也日益迫切，企业融资行为作为筹措和集中生产经营所需资金的财务管理活动，对于地方国有企业的发展具有重要的现实意义。本节将介绍地方国有企业融资管理的基本情况，分析目前地方国有企业在融资管理过程中存在的主要问题，从政府政策、金融机构、企业自身层面分析其形成的原因，并在此基础上，提出完善融资管理的对策建议。

一、地方国有企业加强融资管理的现实意义

（一）融资管理的概念

融资管理是指企业向企业外部有关单位或个人以及从企业内部筹措和集中生产经营所需资金的财务管理活动。它的主要内容包括明确具体的财务目标、科学预测企业的资金需求、选择合理的融资渠道和方法、确保资金结构的合理性。

（二）融资管理在企业中的现实意义

资金是企业的"血液"，只有使资金良性运转，避免财务风险，才能使企业健康发展，一旦资金链断裂将会造成非常严重的后果。随着国有企业的不断发展壮大，企业对资金的需求日益增长，因此加强融资管理具有深刻的现实意义。

1.有利于增强企业资金的供给

企业正常生产经营需求，需要融资管理来组织资金的供给；企业对外投资项目需求大量资金，需要融资来确保项目资金的及时到位，使企业能够发展扩张。企业通过科学的融资管理筹措资金可以增强资金的供给，保障自身可持续、健康地发展。

2.有利于降低企业资金的风险

地方国有企业生存、壮大的前提是保持良性的资金循环，融资管理在国有企业发展过程中起到了不可或缺的作用。通过融资管理可以对企业自身经营情况、负债情况、资本结构情况、筹资方式选择、负债融资期限结构等定期分析，实时监控，制订最优融资方案。控制融资过程中存在的风险，降低了企业由于资金短缺带来的风险。

二、地方国有企业融资管理中存在的主要问题

（一）政府政策多变使企业难以制订融资战略规划

首先，随着国有企业改革的不断深入，政府干预或导向的力量虽然逐步减弱，地方国有企业行政化倾向也逐步减轻，但以前形成"等、靠、要"的思想仍然存在；前几年地方财政困难，把国有企业当作融资平台出面融资使得大多数地方国有企业负债过高，经营困难，缺乏现金流而融资困难。其次，政府对地方政府性债务清理力度加大，相继出台的政策使得地方国企融资遇到瓶颈。最后，外部评级对地方区县级产业设置最高 AA+ 的信用评级，使得企业在一些融资产品的选择上有了一定限制。

（二）地方国有企业本身承担的职能导致融资渠道单一

地方国有企业承担的非公益性项目还款来源收支平衡较容易获得融资资金，地方国有企业若承担的是准公益性项目还款来源必然收支不匹配，导致融资渠道只有地方债券一种融资渠道且体量较小无法满足整个项目资金需求；地方国有企业若承担的是公益性项目且没有收入，则基本没有融资途径，而且融资渠道的单一也对存量债务的还本付息造成了一定的影响。

（三）融资中及融资后风险突出

融资中有些地方国有企业通过非公益性项目向不同银行重复融资用于存量贷款的还本付息及公益性项目中，造成企业过度负债。同时，地方国有企业 80% 融资依赖于银行贷款，股权融资成本高、准备周期长、地方国有企业能上市融资的少之又少，债券融资具有财务风险较高、缺乏广泛的社会信用、企业债发行行政规则较严、企业债券市场的相关制度建设滞后，从而导致融资渠道单一。而且由于银行贷款方面政策变化莫测，企业融资风险很大，如果银行系统本身存在一定的不良资产，一旦处理不当，必将会影响整个融资市场的资金泡沫，任其发展则将演变为一场金融危机。另外，融资后项目实际操作很难做到专款专用，资金管理过程中存在风险。

（四）企业融资缺乏有效的绩效管控机制

绩效考核是企业在既定的战略目标下，运用特定的标准和指标，对员工过去的工作行为及取得的工作业绩进行评估，并运用评估的结果对员工将来的工作行为和工作

业绩产生正面引导的过程和方法。一方面，受地方国有企业体制限制，一般融资人员是财务转岗而来或者是财务部门兼任，本身缺乏融资专业知识；另一方面，融资本身具有不确定性，受内外部环境影响较大，较难做出绩效评定。但缺乏融资部门及人员的绩效管控对融资管理来说就是虎头蛇尾，只有建立融资绩效管控机制，才能实现年度计划，确保企业融资管理战略目标。

（五）融资专业人才匮乏

一方面，企业融资人员大都从财务岗位转岗而来，人员素质偏低且专业技术有待提高，资金成本观念淡薄，融资渠道除了银行融资，对其他融资渠道了解甚少，由于信息不畅、责任心不强，企业相关融资人员未能及时掌握融资方面的新政策、新制度，因而无法进行更合理的融资规划；另一方面，在融资规划、资金成本、创新融资等各方面缺乏经验，缺乏融资风险管理意识。

三、优化地方国有企业融资管理的对策

（一）强化融资管理意识

首先，树立资金成本观念，把融资工作的着眼点落在企业的资金结构和资金成本上。其次，加强融资的风险意识，必须结合企业自身的财务状况合理选择融资方式，不得盲目举债加大企业的财务风险。最后，融资管理意识要贯穿整个融资过程，既要把握融资机会，又要使企业融资规模适度、融资方式合理、融资成本更低。

（二）增强对市场敏感度的融资分析

首先，企业融资的重要目的在于保障企业稳步、健康地发展，因而我们要在充分分析自身情况及合理评估企业自身融资还债能力的基础上制定适合企业自身的具有可行性的相关融资管理办法及选择合理的融资渠道。其次，要更关注外部环境，增强对市场信息、一行三会融资政策的敏感度。最后，要增强企业自身的财务管理能力，结合本企业经营的现金流量情况，做好相关的预算管理和融资计划安排。

（三）完善融资结构

地方国有企业融资渠道单一，大部分来源于银行贷款，优化融资结构迫在眉睫。首先，增强企业自身盈利能力。只有企业自身强才能有拓宽渠道融资的实力。应不断增强企业自身盈利能力，在技术创新、品牌影响力、强化市场竞争意识上下功夫，增强企业的核心竞争力。其次，增加直接融资的比例，积极发展债券市场。我国目前债券市场规模小、品种单一，严重制约着债券市场的持续发展。应从国有企业的切实需求出发，丰富债券种类，并在加强监管的同时，进一步降低发债门槛。同时，中介机构在债券市场中起着至关重要的作用，特别是投资银行和信用评级公司。应加强对债

券市场中介机构的管理和规范，特别是应完善信用评级体系，一方面提高对区县级企业的信用评级等级，有待拓宽地方企业的融资品种；另一方面可以为债券投资者提供更客观、公正的投资决策，从而促进债券市场的发展。

（四）融资过程中加强风险管控

首先，在融资过程中应不断评估企业自身情况，如在合同订立时应随时关注市场变化，尽量将合同设定为随着基准利率的变动而变动；还需关注同行业企业的融资成本，及时修正企业的融资成本，调整融资产品或高成本置换低成本。其次，企业自身很难做到贷后资金的专款专用。解决这一问题首先企业自身应完善资金管理制度，做到专款专用。最后，通过银行来加强银行贷款专户的监管。

（五）加强绩效考核机制的建设

为了更好地提高融资效率、降低融资风险和成本，建立绩效考核体系的建设刻不容缓。可以从融资总额、计划完成率、渠道开拓完成率、融资成本降低等关键指标进行考核，以便于及时分析原因，对特定的风险进行预防。通过合理安排资本结构、在有效控制财务风险的前提下，降低企业融资成本，提高资金使用效益，寻找适合企业自身发展的合理的融资途径，采用多元化的融资工具，使企业具备财务优势，通过融资创新增加企业的价值。

（六）提升融资专业队伍的综合素质

企业应高度重视融资人员的培训工作，不断加强融资、证券、法律、投资等方面知识的学习，还需树立融资风险意识、资金成本观念；或引进具有高素质的融资管理人员参与融资资金的规划、审查，通过事前、事中和事后的跟踪管理来减少融资风险；依据可能出现的融资风险制定完善的应变措施，合理调整融资管理的相关制度，进一步提高企业抵挡风险的能力。

总之，融资对于企业的生存和发展是必不可少的，而如何做好融资管理又是至关重要的。企业在融资前应该做好合理的融资战略，制定切实可行的风险措施，对特定风险进行提前预防；在融资中在有效控制财务风险的前提下降低企业融资成本，提高资金使用效益，寻找适合企业自身发展的合理的融资途径；在融资后完善资金管理制度，做到专款专用并做好绩效考核，总结经验教训。通过融资管理尽可能地避免和防范不规范融资行为的发生，推动企业健康有序发展。

第五章　企业财务风险管理

第一节　企业财务风险管理内控体系

在现代化企业中，建立内部控制体制是企业管理中的重要步骤，此项任务已经得到越来越多企业管理人员的重视。随着社会的不断发展，经济迅速增长，科学技术的不断研发，经济市场在不断变化，企业管理工作也在逐渐改革。同时，企业的财务风险问题也随之而来，在新时期发展过程中，要在财务风险管理基础上构建规范、合理的内控体系，避免在企业财务运行管理过程中出现不良问题，阻碍企业在未来市场发展中的进步和生存。因此，企业需要建立合理的内部控制体系：一方面避免企业财务风险的产生；另一方面促进企业的可持续健康发展。

新时期，企业经营管理中对于内部控制提出了越发严格的要求，内部控制体系的构建也因此受到企业管理层的高度重视。面对越发激烈的市场竞争，企业财务管理面临着各种各样的风险和隐患，如果不能有效应对和处理，则必然会对企业的长远健康发展产生影响。企业应该从财务风险管理的角度，做好内控体系的建设和完善。

一、财务风险管理环境下企业内部控制体系存在的主要问题

（一）内部控制体系不够完善

很多企业已经根据企业自身的实际状况制定了内部控制体系，但是制定的内控体系不够完整、全面，从而影响了企业的正常发展。尤其企业资金链条运作方面，企业没有针对相应的资金应用做出预算，缺少对企业资金合理的安排，没有针对资金缺口做出相应的调整，没有对资金的使用情况进行正确的监督，因此企业所创建的内部控制体系还存在许多的不足，这些不足使内部控制工作无法顺利地应用在企业财务管理工作中，无法给企业的财务管理工作提供保障。

（二）未建立信息公开制度

当前，财务信息的精准性将直接影响财务风险的发生概率，原因是许多企业没有

成立专门的财务信息整合体制，缺少预算管理体制、成本管理体制，导致企业的财务管理工作无法顺利地开展下去，财务风险出现的程度也会大大提高，甚至有些财务管理工作人员为了赢取更多自身的利益，经常对财务信息进行不合理的修改，导致财务信息的错误率增加。因此，企业在执行管理制度时受到阻碍，企业的管理工作无法顺利地进行下去。

（三）未建立审计体制

目前，大多数企业在进行各部门工作时，没有建立相应的审计体制，导致企业管理部门的各项工作都存在诸多不足。审计体制制度没有达到完善，企业在利用内部控制体制时，没有合理地建立相应的促进企业进步的制度，因此内部控制体制无法发挥其有效作用，财务风险管理工作中出现的漏洞不能得以及时补救，阻碍了企业风险管理工作的开展。

二、基于财务风险管理的企业内控体系构建

（一）完善内部控制管理体系

在企业债务融资过程中，如果出现无法还债的情况，很容易出现融资风险，尤其企业的生产投资规模扩大，最终导致资金链断裂，无法回收，造成企业破产倒闭。所以必须对企业的筹资风险进行严格管理，制定科学合理的章程，对企业的财务资金加以规范化管理，确保企业的资本结构和债务情况得到提高，并且积极解决财务审计中存在的不足，确保企业的债务投资管理质量和水平得到有效增强。在企业财务资金运行管理统计时，必须严格按照相关的规范标准进行监督，对一些竞争实力强的企业来说，往往会选择投资其他行业，这样就会涉及大量的资金，所以很容易存在报销账目不及时的问题。为此，在企业财务管理审核时，必须加强内部环境的审核，通过适当的风险评估，保证企业信息沟通的效率，增强企业监督管理的机制。

（二）财务内控收益风险监督

由于目前许多企业在利益分配方面极不平衡，这样也会导致企业财务风险明显增加。所以，为了确保股东自身的需求符合实际，避免在财务管理过程中存在资金分配不够、不均衡的情况，必须加强对企业内部资金流动的实际情况进行全面的分析；并且对利润划分进行二次分配，确保企业内部利益的分配更加完善，避免股价波动的情况；而且企业也应该成立专门的收益分配部门，结合企业自身的实际情况以及未来的发展趋势，对企业内部的资金分配进行科学合理的定制，确保企业内部控制的整体质量和水平。

（三）开展科学的风控活动

在企业财务风险管理的过程中，必须从多个方面、多个角度对企业的内部风险问题进行深入的分析和探究，保证企业财务风险以及企业的经营管理活动得到有效增强。在科学财务风险制度控制与管理的进程中必须加强企业业务风险的有效控制，通过规章制度对企业财务风险进行全面的防控，保证企业的管理质量和管理水平得到全面提高，也能够加强企业风险控制的整体效果，企业要设置相应的控制管理活动，针对重要的岗位开展职务岗位分离控制、营运分析控制和考核评价控制等具体的措施。要加强企业信息财务的沟通和管理，由于企业的经营管理者在对企业经营管理的过程中必须要确保信息的真实性和准确性，所以通过完善信息沟通机制，能够促进企业自身的决策管理质量得到明显增强，也能够保证企业的管理效率。在企业财务风险定制的同时，也应该完善对市场信息的搜集与整理，快速发现未来市场发展变化的具体趋势，帮助企业的经营管理水平得到提高，使企业的发展效果得到大幅度增强，及时获得相关的产业信息，为企业未来的经营决策战略制定更加科学合理的决策依据。由于企业的风险存在于各个环节，所以在风险管理的过程中也必须全方位、多角度地进行有效落实。在财务风险控制的过程中，必须保证财务风险贯穿整个企业经营管理过程。

总而言之，在市场经济环境下，企业面临着新的竞争环境，对于财务风险管理提出了更加严格的要求，必须构建完善的财务风险内控体系来加强对于财务风险的有效管控，提升内部控制的实际效果，增强企业社会经济效益，确保企业能够在更加激烈的市场竞争环境下，占据更加明显的优势。

第二节　创业企业财务风险管理防范

我国创业企业存续时间较短，部分原因在于很多创业者对企业风险认知不清，缺乏财务管理的经验。本书将阐述创业企业加强财务风险管理工作的必要性，对创业企业财务风险管理存在的问题进行分析，并提出解决思路，以期对创业企业加强财务风险管理，发挥借鉴作用。

近年来，有许多刚毕业的年轻人、海归人士和大企业高管都纷纷投入创业的浪潮中。新三板的出台，让创业者看到了希望，纷纷效仿，希望自己团队能成为下一个独角兽。这不单单是项目本身的问题所造成的，很多时候创业者对企业风险认知不清，没有工具来应对各种风险，导致项目无疾而终。因此，创业者应警惕因忽视财务管理可能引发的创业企业的风险，提高财务管理水平，实现企业的长远发展。

一、创业企业加强财务风险管理的必要性

创业企业的财务管理目标与传统的财务管理目标不一致。财务管理是财务风险管理的基础，国际上通用的财务管理标准是企业价值最大化，而创业企业一般规模较小，员工的人数精简，组织架构比较简单，因此在经营决策上有很大的灵活性。当市场经济发生波动时，它们能及时"掉转船头"，迅速适应市场的变化。所以，对创业企业来说，企业的生存成为最主要的问题，因此创业企业的财务风险管理也是围绕着如何使企业能够生存下来制定的。

二、加强创业企业财务风险管理的对策建议

（一）创业者首先要树立财务管理和风险控制的理念

可以通过产权多元化来改善公司的治理，引入合伙人或者在公司监事设置时，考虑懂会计、审计的专业人士参与。有了从公司整体层面考虑的财务专业知识的人士加入，才能更好地帮助企业建立财务管理制度和财务风险控制。

在选用财务部门人员的时候，要考虑该财务人员的整体从业背景和专业知识。从业背景可以更好地了解该财务人员是否了解企业财务工作的整体运作，懂得各财务岗位的职能，合理设置岗位，如果有项目参与经验或者做过企业财务整理规划的能更好地帮助新企业财务整体工作的设置和运行。专业知识是因为不同行业的财务制度和政策还是有一定区别的。同行业或者同领域的财务在公司前期能帮助企业更快地适应行业的财务要求和基本的风险预测。

如果创业者前期的资金不满足招聘一个全职的财务，可以咨询业内的财务公司，先购买一个符合公司业务的财务管理制度和财务风险预警指标。通过简单的格式化的数据来对应财务风险管理。

（二）加强和改善创业企业的财务管理制度建设

财务人员负责企业的进出账和报表编制，很少"走出办公室"。创业企业的财务更应该"走出办公室"，同时"走入业务部门"。创业企业的业务发展是企业的关键，而财务人员对于业务的产生、流程、发展往往信息不清或信息滞后，这会产生信息不对称甚至会影响公司的业务开展。创业公司同时也由于容易"掉转船头"，在公司整体发展变化决策中，财务应起着决定性作用，及时地给出财务数据，做好公司整体预测是至关重要的。同时深入业务部门，了解业务过程中的痛点，能更好地制定和完成符合企业发展的财务管理制度，如审批、决策流程。过于形式化会造成业务的流失，过于自由化会造成决策的杂乱。创业企业的财务管理和风险管理需要充分体现适应性原则，

并随着企业经营情况的变化加以调整。

（三）根据企业发展的角度确定企业的融资战略

融资战略是指企业为满足投资所需资本、配置财务资源并有效控制财务风险而对融资所进行的未来筹划及相关制度安排。融资战略包括融资权限与程序、规划融资规模、规划资本结构及控制融资风险。融资战略首先应与企业战略相匹配并支持企业投资增长。作为创业者，企业就像自己的孩子，当然希望得到投资人的认可，所以一般心态是投资越高越好，然而过多的融资，会增加企业的资本成本，反之如果没有足够估计公司未来的资金需求量，就会不得不面临不久之后的第二次融资。因此，做好财务预算是重中之重。其次，需要控制财务风险。创业企业应该从整体上把握财务风险的可控性和企业未来发展的可持续性，不能只考虑企业的投资战略规划。现在国家鼓励创业，许多银行都给创业企业提供贷款，国内外市场上的风投也青睐中国的创业企业，这时就需要创业者充分考虑需求，合理地安排资本结构，不能只想着财务杠杆能带来的高的投资回报，要充分考虑不同投资人对企业投资的期望，区分是长期投资还是短期投资，综合考虑企业需要的融资结构和时间长短。

（四）充分了解、利用创业企业优惠扶持政策

除了融资之外，我国对于创业者还给予了多种政策扶持。充分利用针对创业企业设立的不同领域的创业园区是一个很好的方法。各大创业园区都有自己的创业社区，用于给创业企业对接风险投资者和其他市场资源的对接，以使创业企业能获得足够的资金和市场上的支持。此外，创业园区还能给入驻的创业者提供创业扶持政策。比如，现在上海创业园区有税收优惠政策、创业创新项目的政府奖励及租金补贴等。此外，创业园区中有各行各业的优秀人才，园区内不同行业的创业者之间可以参加各种社区活动或者在线上平台进行沟通，共享自己领域各种新的资讯，互相学习，进行思维的碰撞，发展自己的业务链，弥补创业企业本身的资金、市场、客户、人才、财务等一系列缺陷，提高企业的存活率。

（五）建立有效的财务激励机制

创业企业的核心团队成员就是企业生存与发展的核心竞争力，如果只是拿一份固定的工资，会让他们对企业没有归属感，认为企业的发展与自身的关系并不明显，而创业企业因为有创新精神和共享理念；同时，因为创业企业更具有未来发展潜力，所以创业企业应该拿出适当的股票期权作为激励。这样能带动员工对于创业的激情，也可以调动大家的积极性，使他们更加全身心地投入工作中去，发挥潜能。因此，创业企业应当根据创业的不同阶段，制定适当的股票期权的激励机制，也要考虑后续企业发展后需要吸收新的人才预留一定的股权和行之有效的退出机制。良好的财务激励机制能有效地避免财务风险。

不同的投资人在给创业企业投资时，出发点也是不一样的，所以在选择融资时也要注意投资人是否希望能与企业长长久久地在一起，还是希望尽快获得回报，所以在制定企业的收益分配时，应该要考虑不同投资人的需求，一旦发生意见不一的情况，很有可能要引入新的投资者。这时候能够"和平分手"也能帮企业降低财务风险。

目前的创业企业遍地开花，如何能在创业的红海中脱颖而出，取决于多方面因素，而财务风险管理是企业管理的一个重点。财务风险管理在创业过程中扮演着极为重要的角色，因此做好财务风险管理不仅能为创业添砖加瓦，也在风险面前发挥了安全卫士的作用，在企业发展壮大道路上变成了遮风挡雨的伞，所以做好财务风险管理本身就是为创业者起飞做好准备。

第三节　基于内部控制的企业财务风险管理

内部控制是当前为适应经济市场环境新变化而提出的一项全新的管理思想，属于财务领域中重要的工作要素。在实际运营和发展的过程中，企业为保证自身运营环境的安全性，需要在具体执行财务工作的过程中加强风险管理，并以内控思想为前提构建完善的管理体系，从而为企业在市场环境中实现竞争实力的全面提升奠定一定的资金储备基础。鉴于此，本书主要就企业财务的具体风险表现，以及相关的管控措施展开分析，从而为全面提高财务工作水平提供重要依据。

随着市场环境逐渐发生转变，企业的运营环境也有所转变，市场竞争压力逐渐增加，给企业的财务工作带来了的挑战，如何保证资金安全是企业在深入发展过程中必须面对的问题之一。而内控思想是一种全新的战略思想，在控制财务风险方面具有重要作用和价值。因此，企业需要端正对内控的思想态度，并针对内部所存在的风险情况提出相关的解决措施，构建良好的财务环境，提高企业的整体运营实力和发展水平。

一、企业财务风险的表现形式

财务风险是企业在内部运营环境中比较常见的一种风险类型，具体是指在针对企业内部资金进行管理的过程中，因为思想和具体操作行为不规范而诱发的一系列风险。因为财务工作在环境方面相对比较复杂，所涉及的工作类型也比较多样，所以在风险的呈现上也具有一定的复杂性，风险体系具有较强的综合性特征。在通常情况下，财务风险具体包含筹资、投资、经营、资金链、应收款等各个环节的风险要素。一旦出现某一种或者多种风险，就会给企业内部的财务环境造成一定的威胁，不仅会阻碍企业内部业务的顺利开展，甚至会在一定程度上给企业的稳定运营造成不利影响。因此，企业需要高度重视风险管理，并在内控思想的支撑下，对相关的管理工作体系进行优化和完善。

二、基于内部控制的企业财务风险管理措施

成立独立的内控部门。若想实现财务风险有效管理，企业需要对内控形成正确的认知，全面掌握内控在整个企业环境建设和市场发展中所发挥的支撑作用。之后，企业根据自身的财务风险控制标准以及未来的发展方向，制定良好的控制目标，本着全面控制的原则规范和制订内控战略方案。同时，企业需要专门成立负责执行内控工作的部门，保持部门的独立性、创新性，招聘或者选拔比较优秀的人员组建成专业性的内控工作小组，对具体的工作职能进行明确和细化，保证职权范围以及具体的分工配置更加科学，从而为内控工作在风险管控领域的有效落实奠定一定的基础。此外，高度强调内控部门与财务以及企业内部其他部门之间的有效沟通，就相关的财务信息进行传递与共享，从而为内控工作合理开展提供一定的信息支撑。

加强预算成本风险管控。在企业内部，预算和成本是财务工作的重要内容，同时也是风险多发的重要载体。因此，企业需要合理地贯彻内控理念，重点从以上两个层面加强管控与监督。首先，树立科学、规范的管理意识，建立全过程管控思想观。针对企业业务开展、日常运营、业务拓展等各个方面需要的预算或者成本，进行战略性的统筹与分析，并制订出相应的参考方案，为企业领导者规范资金配置，正确做出战略决断提供一定的信息参考。同时，企业需要利用相关的统计方法和工具，对具体的预算或者成本数据进行综合性的分析。通过数据分析判断企业在预算和成本相关数据方面是否存在差异或者偏颇，并以此为依据适当地调整预算方案、合理进行成本管控，从而保证内部资金配置和使用更加合理。

加强财务工作的审计与监督。在企业内部财务部门所发挥的作用尤为突出，同时也在很大程度上影响内部资金环境的安全，以及决定着资金链是否健全。而财务工作的完成质量也是关乎企业内部风险控制的重要因素。因此，管理者需要本着内控的思想理念，针对具体的财务工作展开全面的审计与监督。构建科学稳定的财务工作环境。通过监督及时发现潜藏在财务工作环境中存在的风险隐患，其中包括人员的操作失误、职业素养低下等诱发的各类风险，并根据企业的管理标准构建完善的监督体制，针对不合理的操作行为进行一定的处罚。同时，定期对财务人员进行内部审计，避免一些工作人员利用职务之便做出挪用公款等不良举措，全面保障企业内部财务环境安全，为企业实现长久发展提供丰富的资金资源储备。

加强财务人员的综合素质建设。企业为了从根本上规避财务工作中存在的风险问题，需要从人员储备层面着手加强财务人员的素质培训。首先，就招聘环节进行优化，

对财务人员的工作理念、态度，以及战略性的思想认知和在财务处理工作方面所呈现的专业手段或者技术水平，进行全面性的考核，从而保证所引进的财务人员在各个方面的素质都能满足内控支撑下的岗位工作要求。同时，企业需要高度重视财务人员的素质培训与职业考核，从而强化工作人员在财务工作中所表现的责任意识，提高工作的专业性。

积极引进现代化的工作体系。企业需要以内控为基准，重点加强内部财务工作体系的现代化建设与改革。以信息技术为载体构建智能化工作体系，对财务数据进行智能统计与分析。引进先进的统计和会计核算软件，从而为财务人员高效精准地完成财务分析和战略统筹，提供重要的平台和载体支撑。同时，现代化的管理体系能够实现财务数据的有效备份与安全存储，从而为企业在今后的运营和发展中，合理运用财务数据进行战略方案规范制订而提供一定的助力基础。此外，企业需要针对现代化工作革新要求，就内部工作人员的信息化专业技能、知识储备进行有效建设。

综上所述，内控理念在促进企业财务工作高效发展和稳定落实方面起着重要的支撑作用。因此，企业需要在当前严峻的高竞争市场环境下，加强内控思想的深入贯彻，并以此为基准，就企业内部在财务工作方面存在的风险进行针对性管理，通过部门成立、成本控制、审计监督、人员储备以及系统更新等多种方法，构建良好的财务系统环境，促进企业在市场环境领域的深远发展。

第四节　外贸出口企业财务风险管理

随着让更多国家搭乘"一带一路"列车发展政策的实施，我国民营外贸出口企业在国际市场上日趋活跃，随着企业扩张发展而来的财务风险也成为企业发展的制约因素。提高外贸出口企业财务管理水平，防范和控制出口业务的风险成为企业取得竞争优势的必要保证，外贸出口企业应当加强企业财务制度和风控制度的建设。本书对外贸出口企业的主要财务风险成因进行分析，以期为外贸企业不同财务风险管理提供建议和对策，为外贸出口企业的财务管理和风险控制提供方法。

一、外贸出口企业财务风险的主要成因

（一）外贸出口企业财务风险的主要类型

财务风险是指企业在各项财务活动中由于各种难以预料和无法控制的因素，使企业在一定时期、一定范围内所获取的最终财务成果与预期的经营目标发生偏差，从而形成的使企业蒙受经济损失或更大收益的可能性。外贸出口企业由于面向国际市场，

对其财务风险的识别、预见和判断起着重要作用，汇率波动、收汇及时、税率变动等面临的操作风险都是外贸出口企业本身很难控制的，有必要对外贸出口企业的风险进行分析和研究，使出口企业在一定范围内能够对风险的承受、风险的分担、风险的化解能力不断提高，以达到企业财务管理的最终目标。

（二）外贸出口企业财务风险产生的原因及影响

1. 汇率变动对外贸出口企业资金影响的风险

国际市场的风云变幻及政治、政策方向的调整，引起汇率变动给企业带来了结汇的风险：第一，当汇率下降在银行结汇时，所得到的人民币会少很多，就 2018 年来说，全年美元对人民币年内低点相对高点的最大跌幅达 9.9%，其汇率差波动对所结汇的人民币金额影响很大，在对资产负债表的会计处理中，将美元转换成人民币记账本位币时，因汇率变动而导致了账面损失的可能性。第二，在美元汇率相对高的情况下国外客户的付款意愿总是不那么强烈，因为他们认为所付出的美元应当可以购买更多中国产品，造成国内出口企业收汇滞后，给流动资金周转带来困难，增加国内出口企业的资金成本。第三，汇率波动的不确定性还会干扰外贸出口企业对商品采购、出口的数量和单价，从而对外贸出口企业未来在一定出口时间内收益及现金流量减少产生潜在的损失风险，业务的内容和规模的大小也会受到限制。

2. 外贸出口企业产品出口收汇的风险

一方面，出口不能及时收汇，到达一定的比例影响国家外汇管理局企业等级的认定，即 A 类降为 B 类，给企业的收汇、结汇在时间和资金融通等方面造成难以弥补的损失，只有花时间和精力进行整改。然而在收汇困难的情形下也会推迟对国内供应商付款，造成增值税专用发票取得的拖延，无法按时申报出口退税，丧失出口贸易在国际市场上的竞争力。另一方面，有时由于政治、经济贸易政策等因素，会产生第三方付汇的情况，这与合同的客户名称不一致，是不可以的，严重违反了国家法律法规的政策和管理制度，使得外汇核销、应收账款混乱，尤其对于那些单笔业务分次收汇的情形，更是给财务管理带来了困扰。另外，由于某些国家其政治及内部动荡，失信的客户在货到后以各种理由拒绝付款，同样会造成出口企业损失惨重。

3. 增值税税率变动对外贸出口企业的影响

自 2018 年 5 月 1 日起原适用 17% 和 11% 的增值税率分别调整为 16% 和 10%，到 2019 年 4 月 1 日起又从 16% 和 10% 再下降到 13% 和 9%，在充分体现国家对广大民营企业大力度的减税降费下，给外贸出口企业在某种程度上也带来了一定的尴尬，连续几次的降低税率，给企业的成本、利润都会带来影响，外贸出口企业按原来的收购价格损失经历了从 1% ~ 4% 税款的金额，增加了商品的价格，减少了几个百分点的进项税额，增加了企业产品销售成本，减少了利润。与此同时，出口退税率为 17% 和

11%的出口产品退税率也变成了13%和9%，增加了企业的经营风险，需要外贸出口企业自行提前把握国家政策，更好地规划本企业因税率变动所带来损失的补救方案。

二、外贸出口企业财务风险管理的对策

外贸出口企业的发展由于受国际形势、政治环境的影响，面对的风险更加严峻，管理层只有加强思想上的重视才能更好地实施对风险的防范和监管，以应对、避免各类风险对企业经营发展的收益产生威胁。因此，不论是汇率波动还是税率下降，不论是客户资信还是业务类型的发展都应当提前设计好管控风险的措施和对策，使企业在国际市场竞争中有更多优势。

（一）增强汇率风险意识，利用外汇市场衍生品保值增值

随着我国国际地位的上升、美元汇率的变动，以及受国际政治的影响，美元、人民币汇率产生了双向波动，汇率的高低对企业结汇成人民币有直接的影响，在这种情况下企业管理层需要对汇率加强风险控制。第一，外贸出口企业应积极研究汇率风险产生的要素，不断认识、积累抗风险的经验，作为企业财务管理人员应及时提醒高层高度重视汇率风险，花费一定的时间和精力组织专门汇率风控小组，时时做出评价，对汇率变动做出连锁反应，提高风险识别能力和防范水平。第二，由于汇率变动已经成为影响企业经济效益的重要问题，选择合适的外汇衍生产品可以对外汇的保值增值起到一定的作用。外汇的衍生产品可以提前约定是看涨还是看跌以进行灵活的交易开展，确保企业自身权益或提升外汇交易收益，避免可能的汇率波动给企业带来的损失，一般外贸出口企业已开户银行都有相应的外汇衍生产品可操作。我国外汇衍生品目前主要有外汇期权合约、外汇远期合约、掉期交易等，合理运用以避免企业造成可能性的损失。第三，汇率变动对企业经营资金周转产生影响时更应当利用货币市场套期保值，其他如与国外客户签订合同时约定在汇率波动超出一定范围以外，双方确定一个互相都能接受的风险比例作为合同的附加条款，双方共同承担一些损失。在供应商方面是否以长期合作的态度争取更低的成本价格，或更多的优惠政策，保证出口商品采购的数量。此外，或通过灵活选择和使用结算货币、福费廷等方式缓解企业资金周转的压力。

（二）建立信保制度，对客户信誉进行事前调查

在出口贸易业务中不可避免会出现国外客户拖欠货款、拒绝支付货款、第三方付款等的情景，在面对收汇困难的情况下外贸出口企业应当在交易发生前就增强风险防范意识，谨慎行事，这样当事件发生时才有可能应对自如。首先，要建立收汇风险管理制度，对国外客户的信誉进行评估，建立有效的控制机制，对出口业务进行事前、事中、事后风险控制计划，制定出口收汇风险应急措施。在合同履行中，要认真履约，

保证出口产品质量，妥善制定索汇单据；合同履行后应积极收汇，同时结合国际贸易规则及采用合理的结算方式保证国外客户及时付汇。其次，建立必要的信保制度，利用中国出口信用保险对收汇保驾护航。当外贸出口企业更专注于贸易业务的发展时，把对国外客户的资信了解委托信保公司进行调查和评估是更加安全的路径，信保公司会对所在国的经济、政治以及该客户的资信进行全方位的调查及评估，给出一个信用额度，在万一发生外汇不能收汇时，在相应的额度内信保公司会给予最高的赔付限额，最大限度地弥补企业因无法收汇而造成的损失。最后，对于可能产生的第三方付款，应依据国家"谁出口谁收汇"的原则及时办理收汇业务，需要向有关部门递交该收汇真实业务的证明资料，也需要提供三方协议或代付款协议的证明资料，以及与外销合同相匹配的证明材料，否则就有可能无法申报出口退税，使企业蒙受退税损失的风险。

（三）关注增值税政策调整，加强企业出口退税风险应对

在国家降税减费的优惠政策下，给民营企业带来了实实在在的好处，对外贸出口企业来说，供应商的价格在国家政策引起的税率变动会影响商品价格的增加，外贸出口企业应当梳理长期合同，还需要和供应商谈判，要求降低进货价格。出口企业应当抓紧时间收集、认证增值税进项发票，对已经出口的货物尽早联系供货商尽量在税率调整执行日之前按原税率开具增值税专用发票，并完成认证工作。此外，在政策过渡期应当把握好国家允许范围内的操作条件，以做出恰当的处理，如对前期销售折让、中止退回及补开增值税专用发票等事项都应在过渡期内办理。另外，因税率的降低对国外客户要做好解释工作，以防国外客户提出降价的要求，保证外贸出口企业利益不受损失。

外贸出口企业这种与国际市场接轨的业务往来，势必需要谨慎地把握、观察、预见、判断风险出现的可能性，并加以深入研究，在管控风险的同时还应当不断地调整策略和方案，在驾驭风险、化解风险的环节上胜人一筹，让企业更加稳步、健康地向前发展。

第五节　电子商务企业财务风险管理

在大数据时代下，电子商务企业需做好安全管理，完善财务风险预警体系，进而提高自身的财务风险识别以及管控能力，及时发现企业管理运营中存在的财务风险并实时改进，这样才能在众多企业中脱颖而出，具备更强的市场竞争力。

电子商务企业为我国国民经济发展提供了有力支持，逐渐成为我国经济发展的关键元素。当前，我国电子商务呈现高速发展的趋势，但由于其起步较晚，仍存在许多潜在的财务风险。电商企业如果想在行业中立足并且获得竞争力，就需要及时识别财

务风险，优化企业财务风险管理模式。

电商主体诚信度难以保证是电子商务企业信用风险的主要原因，其提供的信息是否真实需要进一步核实。同时，由于电子商务信息存在易修改、毁坏和损失等特征，因此较传统商品交易模式相比，电子商务企业面临较高的信用风险。

电子商务企业需要借助相关平台完成资金周转，这就需要平台有完善的安全认证和支付系统作为安全保障。然而，目前为止我国的互联网安全技术还亟须完善，认证机制还有待加强，加之企业管理意识淡薄和行业内竞争不规范导致了电子商务企业存在较高的资金风险。电子商务企业处于激烈的行业竞争中，为了取得竞争优势，不少企业开始进行新项目开发，电子商务的项目规模越来越大、复杂程度越来越深，企业所需要投入的资金也越来越多。因此，在项目立项和讨论方案时进行严谨充分的风险识别变得尤为重要，对项目风险科学准确地预估非常必要，电子商务企业在开发新项目时需要大举融资，如果项目选取不当可能给其带来巨大的债务风险。许多电商企业均存在关联企业，关联企业特别是大股东占用企业资产的情况，严重干扰了企业的正常生产运营和资金使用计划，增加了企业财务负担，最终影响其盈利能力，从而给企业带来财务风险。

电子商务企业的技术风险涵盖在计算机软件操作系统和硬件设备中。数据流失、网络安全等互联网技术发展存在的隐患，以及由于企业自身有限的技术水平可能给企业带来的经济损失都属于电子商务企业财务风险中技术风险的范畴，技术风险是电子商务企业区别于传统企业的一种新型风险。

电子商务企业财务风险原因分析如下。

（1）企业决策缺乏全面的数据支撑。目前，电子商务企业之间的竞争十分激烈，大多数电商企业都把业务拓展、投融资、用户和流量争夺、"互联网＋"等作为企业的重要发展战略，而企业的信息化建设和数据治理等相对滞后。企业的经营决策、投资规划、筹资规划、财务发展规划、资本结构规划及市场分析与预测等主要还是基于传统的决策方法与决策手段，决策过程缺乏有效的数据支撑，致使很多决策无法做到科学合理，从而大大增加了企业财务的风险。加强数据治理，建设企业全域的数据管理平台，基于大数据进行企业全面决策是电商企业规避财务风险的重要举措。

（2）法律制度不健全。任何行业的发展都离不开健全完善的法律制度。由于受到电子商务起步较晚并迅猛发展、时间较短及各种外部因素的共同作用，关于电子商务行业的法律法规还未完全建立，距我国拥有电商行业较为全面的法律制度尚需时日。作为企业经营管理主要部门的财务部直接影响企业未来的发展。电商企业较多，发展较快，缺乏有效的法律监管制度是引发电子商务企业财务风险的原因之一。

（3）财务信息不安全。企业财务风险控制是否可以有效执行在很大程度上取决于财务信息的安全性。传统的企业财务管理和财务信息具备一系列的保密制度，且制度的要求是较为严格的，因此具有很高的安全性。由于电子商务企业的生存需要以信息技术作为助力支持，多数财务信息要通过互联网作为基础进行工作，在处理效率提高的同时也引发了一系列财务信息安全问题。电子商务企业的财务信息风险大致包括两类：①内部因素。内部因素主要是指人为因素。内部财务人员操作不规范或有意盗取财务信息可能会导致企业关键财务信息泄露或流失，给企业带来无法挽回的损失。②网络环境。目前，我国互联网技术安全性还有待加强，网络环境尚处于较为薄弱的阶段。许多技术风险如木马病毒等，都会造成企业内部财务信息丢失，给企业造成重大危害。

（4）财务管理基础不扎实。传统企业的财务管理模式用文件档案管理企业发生的经济业务，主要是人工操作。在电子商务环境下，计算机已经成为承载企业财务数据的新媒介。但电子商务企业业务量较大、发生较为频繁导致企业财务管理难以对人员素质进行评价；基本产品的采购和销售等环节的操作程序存在一定的漏洞，企业内部缺乏有力的约束力；不少电子商务企业的财务人员只经过初步学习，在考取从业资格证后就立即上岗，缺少深度的专业知识，且没有足够的工作经验，加之缺少创新思维能力，不能满足企业日益丰富的发展需求，不能提供行之有效的方法，帮助企业健全企业的内部会计制度，给电子商务企业财务管理造成大量漏洞，财务风险的产生在一定程度上受财务管理基础的影响。

基于大数据条件降低电子商务企业的财务风险。大数据的发展推动了互联网技术的发展，由于数据具有集中化和细分化的特性，给企业财务管理分析提供了充足的数据库，大数据的技术应用能够在一定程度上降低企业的财务风险。电子商务未来的发展趋势将与大数据相结合，充分利用大数据降低企业的财务风险，使电子商务企业在激烈的市场竞争中脱颖而出。较为统一的使大数据区别于传统数据概念的是其具有的四个特点：①数据规模大；②数据种类多；③数据处理速度快；④数据价值密度低。

相比典型的财务风险管理模式，大数据财务风险管理在有形无形中都有一定的价值意义。很多领域正在探索使用大数据进行财务风险管理，在财务领域，怎样使用大数据进行风险管理是非常值得思考的问题。制定规则后，利用人工智能的强项可以精准地帮助企业拦截财务风险。而利用大数据发现的是一些隐形价值的财务风险，并且可以对风险划分类别。

大数据技术在财务预算和资源配置这两个方面也有很大价值，这是传统预算管理难以实现的。首先，是预测的问题。传统财务预算主要利用结构化数据，通过构建财务预算模型预测未来的财务结果。而大数据技术的应用，可以把财务预算数据范围扩大到非结构化数据，所有网页上的新闻、评论等都可以成为财务预算的数据基础。其次，是资源配置的问题。传统的财务预算在进行资源配置时，财务人员通常听取业务人员的建议，多数时候资源投向要受业务人员的影响。依靠大数据提升预算和资源配置能力可以降低成本，提高资金的使用效率，减少企业财务风险。

传统财务管理模式是基于因果关系，而大数据是基于相关性分析的结论，可以找到一些靠传统思维不能解决的财务结果目标问题。通过对这些问题的管控，可能会协助企业实施更加行之有效的战略。提升企业经营分析能力，有助于企业在激烈的市场竞争中获取优势，减少由于决策不当而造成的项目风险。

第六节　试论新能源企业财务风险管理

近年来新能源企业在我国迅速发展与壮大，随着业界对新能源行业越来越关注，新崛起的新能源企业在未来面临更大的挑战。为了让新能源企业在发展过程中具有更强的适应性以及稳定性，新能源企业在提高内部管理能力的过程中，需要重点关注财务风险的防范，建立更为严谨、规范的财务体系。本书将分析新能源企业相较于一般企业的风险特征以及现如今新能源企业主要面临的财务风险，为企业提出了几点财务风险的防范措施，从而帮助提高新能源企业的风险管控水平，促进新能源企业在管理方面进一步向高质量发展转型。

现如今，随着国家政府和社会对环保产业越来越关注，政策对环保能源方面有所倾斜，新能源也成了社会各类投资者偏向的行业。新能源企业在这些年的大力推动下已在社会中初步站稳脚跟，但是在新能源企业快速发展的过程中，其企业内部管理方面有许多不够成熟之处。新能源要建立科学的内部管理模式，需要重点注意内部控制以及财务风险的防范，完善的风险防范体系能够降低企业风险发生的概率以及减少风险可能造成的损失，提高经营管理效率，提高企业的盈利能力，促进新能源企业健康可持续发展。

一、新能源企业风险特征

（一）内部经营管理导致的财务风险

新能源企业的内部资源管理结构较为复杂，而一般的新能源企业特别是近年新成立的企业在内部经营管理方面的水平不够成熟，还处于摸索阶段，对于资源如何配置、资金如何更有效地运用方面难以准确把握。企业的经营者若只关注企业是否具有高超的技术资源和业务资源，便认为企业的经营能够成功，而不关注企业的内部管理能力，将导致企业经营不善，无法做到可持续的发展。做好经营管理不仅仅需要关注是否有优质的资源，还需要关注因管理问题导致地风险。新能源企业需要技术能力保持在行业前端，对于技术研发能力的投入将加大企业资金运营的压力，投入过低可能无法保证技术水平领先，投入过高将导致财务资金的风险，如资金流的断裂导致的偿债能力风险、投资决策不当导致的资源配置失衡等，都难以使企业在未来保持健康运营的状态。

（二）外部环境变化导致的财务风险

在新能源行业快速发展的这十几年中，企业所受到的政策支持以及市场需求红利巨大，也因此获得了较高的利益，但随着新能源企业逐年增多，各个企业的技术创新能力、经营管理能力、资本规模都有明显的提升，竞争能力也有大幅的提高。新能源企业的外部环境变得更加的复杂多变，不论是市场竞争主体的变化，还是社会需求的变化，都有可能制约新能源企业的个体发展，若企业没有良好的风险应对机制，将会因外部环境的变化受到较大的冲击，造成经营效益的降低。例如，从技术角度来看，虽然国外的科技创新能力仍超于国内企业的创新能力，但随着我国科研技术水平的不断提高，以及加强全球前沿科技水平的交流，国内科研能力也在慢慢进步，研发能力更加独立，而新能源企业这类技术密集型企业，将面临更大的技术创新压力，而企业若在财务方面没有足够的资金储备或是现金流来应对技术创新压力，或是财务资源配置决策失误，将有可能导致企业在技术水平角逐中远落后于对手。

二、新能源企业存在的财务风险

（一）资源配置不合理导致的财务风险

一个企业在某一个阶段所具备的资源是有限的，如何配置这些有限的资源来保证利益最大化是企业经营管理者在每个会计期间都要思考的问题。资源的有效配置根据经营战略导向来确定，因此战略导向是否制定得合理是资源有效配置的基础。而战略导向需要综合当下的行业环境、政策环境、技术环境以及企业自身的情况，对未来的趋势研究判断来制定，对战略导向的研究与判断不够科学，不够精准，就有可能导致企业的资源配置情况不佳，影响当期的盈利能力。例如，若新能源企业在新的一年需要重点加强研发能力，但是如果过于注重科研技术的开发和高端科技人才的储备，将大量资金投入放在了前期研发方面，有可能造成后期没有足够的资源投入生产和销售上，导致投入与产出失衡的情况，引起现金流短缺，从而导致后续的经营受到影响。

（二）财务人员素质不高导致的财务风险

财务人员风险管理意识不强容易导致财务风险隐患的存在。新能源企业由于涉及的成本管理以及业务类型较为复杂，涉及的流程环节较多，项目资金规模大，若资金流转过程中出现疏漏，容易造成大额的损失。因此，为了减少损失，新能源企业的财务人员在进行财务管理工作时需要具有更强的风险管理意识，更加注重细节管理。但企业中的财务会计人员不管是在意识方面还是在能力方面，大多偏向于关注与做好日常会计处理，如核算、费用报销、成本分摊等，风险控制意识较为淡薄。而财务的上级领导层面在平日里也不注重财务人员在风险控制意识方面的培养，合规知识的宣导也只是流于表面，未能在深层次上使财务人员的财务风险控制意识增强。部分新能源企业特别是民营企业，财务人员不够注重日常风险的规避和防范，基本上只在有具体风险控制要求时才会遵从，没有具体要求时就较为忽视这些方面，导致在财务管理过程中，仍然存在较高的风险隐患。

（三）风险管理制度不健全导致的财务风险

财务部门对财务风险管理不够系统化，常常是需要加强某一方面的财务风险控制，便新增相应的规章制度，对整个风险控制制度没有一个完整的系统来管理，这种情况主要出现在规模不大的中小型新能源企业中。新能源企业风险控制体系建设不健全主要有以下几点：第一，内部组织结构方面，没有体现出企业对风险控制职能的重视，一般的新能源企业都没有专门设立风险管理部门，较为普遍的做法是将财务风险管理职能并入财务部门，但财务部门也未设立相关的专岗开展风险管理工作，而是在财务部门的分工下各自负责一部分相关的风险控制工作，从而导致整体的风险控制工作还不够专业和系统。第二，预算管理方面，新能源企业的预算管理模式较为粗放，预算的分配未能做到精细，对预算的计划和控制不够科学严谨，容易出现预算制定得过高或者过低的情况，这样将导致资金使用过剩或资金短缺错过最佳投资机会甚至出现债务危机等。第三，内部控制制度建设方面，大多数新能源企业在内部控制体系的建设还未能达到完善、全面的水平，内部控制制度的覆盖面不够广，深度不够深，未能有一个清晰的层次和结构，导致各层级的财务人员对内部控制制度的理解难以透彻。企业在内部控制制度的规定上主要只针对几个需要重点关注的方面，而对于其他方面的内部控制重视程度不够，这样容易导致风险转移到内部控制制度不严格的其他操作管理流程中，产生新的财务风险。

三、新能源企业财务风险的防范

（一）提升财务人员风险防范意识

企业的经营管理是一个从上至下传导的过程，当经营管理者的风险控制意识增强了，可持续发展的目标确立了，可以将相关的行动融入后期的企划执行动作中，将这些理念逐级传导下去。对于财务风险方面的管控，首先需要提高财务部门人员的风险管理意识，定期开展财务人员的专业能力培训以及风险防范方面的培训，培训的内容要重点宣导新能源可持续发展的理念，并且注重专业知识和员工个人能力素质的双重提升。另外，还可以加强与外部审计监管部门或是业内优秀的大型新能源企业的沟通，了解其他主体是如何加强财务风险控制的，吸收先进经验。

此外，还要培养财务人员熟悉企业涉及的业务板块，对业务相关的政策以及行业现状有较为深刻的理解。密切关注外部政策环境以及行业竞争环境的变化，充分研究企业的内部环境和外部环境对企业可能产生的影响。定期对内外部风险从产生的原因、构成的因素、对企业带来的冲击进行科学的分析与评估，与企业本身在这些方面的抗风险能力相比对，对于可能会给企业造成较大冲击的风险，提出相应的应对策略，及时调整相关的财务管理政策以及内部控制制度，提高财务部门对财务风险的应变能力。

（二）完善企业风险控制体系

新能源企业内部控制体系，需要涉及公司从研发、生产、销售等整个运作流程，也涉及了各个后勤部门的相关事务，因此内部控制体系的修订与完善需要企业上下的全员参与，本着让内部控制体系更加全面、科学、有效的原则，从企业经营全局的角度，在原有的内部控制体系上进行调整与更新，将原有的体系未能涉及的部分进一步完善与扩充，强调内部控制体系的系统性与完整性，并且企业需要将内部控制体系的完善作为企业一个常态化的工作来开展，让企业的所有员工和管理者更加重视内部控制的管理，养成做任何事情都按照规矩和流程制度办事的优良习惯。新能源企业的风险控制体系，受企业性质的影响，也是需要与时俱进的，要不断吸收创新前沿的内部控制管理手段，废除过去不够科学、不够系统的旧内部控制制度。同时，在未来需要将内部控制制度建设不断地进行更新与调整，与行业前沿水平看齐，朝着更加科学有效的内控建设目标出发。

（三）构建全面完整的预算管理体系

科学的预算管理体系能够为企业提高运营效率，减少费用漏损，降低运营成本，提高经营收入。预算管理工作的第一步是制订每个会计年度到来时的预算计划，要保证预算计划制订的合理性，需要采用科学的方法对当下年度总的资源投入产出进行评估。资源的投入包括企业当年所有的研发生产经营活动所需要的成本，其中需要特别注重对所要投资的项目进行多维度的评价，采用科学的投资决策模型以及综合评价指标来评估投资项目的可行性和盈利能力，并且进行敏感性测试，有效地降低投资风险。对资源投入完成评估之后，合理地将财务资源分配至企业的每个业务流程中。在制订好科学的预算管理计划后，需要对实施的过程进行实时监控，可以通过每个月的预算使用情况以及大项目报批的情况来回溯预算的执行情况，及时发现不合理的资金使用行为或是超预算的行为，也可以根据统计情况结合业务部门自身的需求进行预算计划的后期调整。

（四）完善财务风险预警机制

为了进一步完善风险管理体系，需要做好风险过程管理，保证在风险控制手段实施的时候达到应有的效果，也要做到实时监控企业的经营动向。过程管理的手段主要是要建立风险预警机制，对会计信息、财务报告、经营指标等相关信息进行监控与计算，通过横向与纵向对比的形式，及时发现企业在经营过程中存在的问题以及潜在的风险。财务风险预警系统的建立首先需要明确财务风险管控目标，明确企业在当下的经营水平和在经营环境中需要注重哪些方面的财务风险点，其根据潜在的风险点有侧重地建立财务风险预警指标，不仅可以采用一些常用的普遍的财务指标如资产负债率、流动比率等，也可以根据企业的实际情况来制定一些另外的财务指标，例如，企业的应收款挂账较多，可以采用应收账款周转率、应收账款占营业收入比等指标进行重点监控。在确定监控指标体系之后，定期收集相关的指标数据进行汇总，采用科学的财务预警模型工具来判断可能存在的财务风险，将这些潜在财务风险进行预警提示，报送给企业的管理者以及相关部门。财务部门需要明确各类风险责任，不仅要明确责任部门，还需要明确到责任人，对于预警机制提示的风险，可以督促有关责任部门和责任人通过一系列的有效措施及时地规避可能发生的风险，或将已经发生的问题进行弥补，将损失尽可能降到最低。

第六章　企业财务管理的应用创新

第一节　筹资管理应用创新

一、各种筹资方式的选择

企业采用不同筹资方式筹集的资金，其使用时间的长短、资金成本的高低、财务风险的大小、附加条款的限制等均存有差异，企业选择筹资方式时需充分考虑其基本特点。

企业筹集的全部资金按权益性质可分为权益资金和债务资金两大类。

权益资金，亦称自有资本和自有资金，是指企业投资者投入并拥有所有权的那部分资金。投资者凭其所有权参与企业的经营管理和收益分配，并对企业的经营状况承担有限责任，企业对自有资金则依法享有经营权。根据资本金保全制度要求，企业筹集的资本金在企业存续期内，投资者除依法转让外，一般不得以任何方式抽回。因此，自有资金具有数额稳定、使用期长和无须还本付息的特点，它是体现企业经济实力、增强企业抵御风险能力的最重要的资金。

债务资金，亦称借入资本或借入资金，是指企业债权人拥有所有权的那部分资金。债务资金是需要企业在将来以转移资产或提供劳务加以清偿的债务，从而引起未来经济利益的流出。企业的债权人有权按期索取本息，但无权参与企业的经营管理，对企业的经营状况也不承担责任。由于借款利息可以在成本中列支，可使企业获得免税收益，但因借入资金需按约付息、到期还本，因此会给企业带来财务风险。

（一）权益资金筹资方式

权益资金筹资方式主要有吸收直接投资、发行普通股、发行优先股、发行可转换证券、发行认股权证等。

1. 吸收直接投资

吸收直接投资是指企业以协议等形式吸收国家、法人及个人直接投入资金的一种筹资方式。吸收直接投资不以股票等证券为媒介，一般适用于非股份制企业筹集资本金。

（1）吸收直接投资的优点：①可提高企业信誉。吸收直接投资增加了企业的权益资金，意味着企业实力的增强，增强了企业的信誉和借款能力，有利于将来经营规模的进一步扩大。②能尽快形成生产能力。吸收直接投资的法律手续相对简单，因而筹资速度较快。不仅可以筹集到现金，而且可以直接取得所需的先进设备和技术，使企业尽快形成生产能力，尽快开拓市场。③财务风险较小。吸收直接投资是根据企业的经营状况向投资者支付报酬的，效益好多付，效益差则少付，比较灵活，没有固定偿付的压力，故财务风险小。

（2）吸收直接投资的缺点：①筹资成本较高。由于直接投资的投资者承担的风险较大，要求的投资回报率也较高，企业因此支付的资金成本也较高，尤其在企业经营效益好的情况下更是如此。②不利于企业的经营运作。一方面，吸收直接投资不以证券为媒介，涉及产权转让的一些资产重组事项时难以操作，容易产生产权纠纷。另一方面，各投资者都拥有相应的经营管理权，企业的控制权因此被分散，不利于企业的统一经营管理。

2. 发行普通股

股票是指股份公司为筹集自有资本而发行的有价证券，是持股人用来证明其在公司中投资股份的数额，并按相应比例分享权利和承担义务的书面凭证，它代表持股人对公司拥有的所有权。股票持有人即为公司的股东。

普通股是股份有限公司发行的无特别权利的股份，是指代表着股东享有平等权利、不加以特别限制、其收益取决于股份公司的经营效益及所采取的股利政策的股票。发行普通股是股份公司筹集资本金的基本方式。

普通股股东享有下列权利：①公司管理权。普通股股东在董事会选举中有选举权和被选举权，经选举的董事会代表所有股东行使公司管理权。②盈余分配权。普通股股东按其所持股份的比例参与盈余分配，取得股利。③股份转让权。普通股股东持有的股份可以自由转让，但必须符合相关法规和公司章程规定的条件和程序。④优先认股权。公司发行新股时，现有普通股股东有权优先按比例购买，以便保持其在公司的权益比例。⑤剩余财产要求权。当公司解散清算时，普通股股东有权要求取得剩余财产，但这种权利的行使必须在公司剩余财产变价收入清偿债务和优先股股本之后。普通股股东同时需承担相应的责任，主要是以出资额为限，对公司的债务承担有限责任。

普通股筹资的优点：①没有固定到期日，不需归还。发行普通股筹集的资金是公司永久性使用的资金，只要公司处于正常经营状况，股东就不能要求退回股金。只有在公司解散清算时，股东才能要求取得剩余财产。这对保证公司对资金的最低需求、保证公司资本结构的稳定、维持公司长期稳定经营具有重要意义。②没有固定的股利负担。向普通股支付股利不是公司的法定义务，股东的股利收益一方面取决于公司的经营业绩，另一方面还受制于公司的股利政策。公司分配股利的一般原则是"多盈多分、少盈少分、不盈不分"。显然不会构成公司固定的股利负担，因经营波动给公司带来的财务负担相对较小，公司的现金收支因此也有很大的灵活性。③筹资风险小。由于普通股筹资没有固定的到期还本付息压力，股利只是在盈利的情况下需要支付，不是由公司的法定费用支出。因此，普通股筹资实际上不存在不能偿付的风险，筹资风险小。④增强公司举债能力。普通股筹资形成的资本是公司的自有资金，反映了公司的资金实力，可为债权人权益提供保障，使公司更容易获得债务资金。因此，普通股筹资能增强公司的信誉和举债能力。⑤容易吸收资金。人们一般认为投资普通股的收益高于其他投资方式，并且在通货膨胀时期，普通股的价值也会上涨，不致贬值。因此，普通股比债券更受投资者欢迎，发行普通股容易吸收资金。

（2）普通股筹资的缺点：①资本成本较高。从投资者的角度来看，投资普通股风险较高，相应地，也要求有较高的投资报酬率，为此，公司支付的普通股股利一般要高于债务利息。而从发行公司来看，普通股股利从税后利润中支付，无抵税作用。此外，普通股的发行费用一般也高于其他证券。②稀释公司的控制权。当公司增资发行新股时，新股东的加盟势必稀释老股东对公司的控制权。老股东若想维持原有的控制权，就必须动用大量资金来购买新股。③可能引发股价下跌。由于普通股具有同股、同权、同利的特点，当公司增资发行新股时，新股东将分享公司未发行新股前积累的盈余，降低普通股的每股净收益，从而可能引发普通股市价下跌。

3. 发行优先股

优先股是相对普通股来说具有某种优先权的股票。优先股一方面不需要偿还本金，是公司自有资本的一种筹集方式；另一方面按固定利率支付股利，又具有债券的一些特性。

相对于普通股股东而言，优先股股东的优先权主要体现在以下两个方面：一是优先分配股利。当公司分配利润时，首先分配给优先股股东，只有在付清优先股股利之后，才能支付普通股股利。二是优先分配剩余财产。当公司解散清算时，在还清债务后，剩余财产首先向优先股股东偿付其股票面值及累积的股利，如还有剩余，其次分配给普通股股东。但在一般情况下，优先股股东不能参加股东大会，没有选举权和被选举权，也不能对公司重大经营决策进行表决，只在涉及优先股股东权益问题时有表决权。

（1）优先股筹资的优点：①无固定还本负担，并能形成灵活的资本结构。利用优先股筹资，没有固定的到期日，不用偿付本金。实际上相当于得到一笔永续性借款，使公司既获得了稳定的资金，又不需承担还本义务，降低了财务风险。同时，优先股的种类很多，公司可通过发行不同种类的优先股来形成灵活的资本结构，也可以使公司在资金使用上更具弹性。如公司发行可赎回优先股，则有利于结合资金需求灵活掌握优先股资金数额，并能调整资本结构。②股利支付有一定的弹性。虽然优先股的股息率是预先确定的，一般而言，公司须支付固定的股利。但固定股利的支付并不构成公司的法定义务，如果公司财务状况不佳，可以暂时不支付优先股股利。③提升公司举债能力。发行优先股所筹资金，与普通股一样是公司的自有资金。优先股资金的增加，可以提高公司权益资金比例，增强公司的资金实力和信誉，提升了公司的举债能力。④可使普通股股东获得财务杠杆收益。由于优先股股东按票面面值和固定的股息率取得股息，因此当公司的权益资金收益率高于优先股股息率时，发行优先股筹资就可以提高普通股资金收益率，普通股股东因此获得财务杠杆收益。⑤保持普通股股东的控制权。由于优先股股东没有表决权和参与公司经营的决策权，因此发行优先股筹资对普通股股东的控制权没有任何影响。如果公司既想筹措主权资本又不愿意分散公司的控制权，利用优先股筹资不失为一种恰当的选择。

（2）优先股筹资的缺点：①资金成本较高。优先股的股息率一般高于债券利息率，并且优先股股息是用税后利润支付的，不能抵税，增加了公司的所得税负担，所以利用优先股筹资的资金成本虽低于普通股，但高于债务资金的成本。②可能形成固定的财务负担。相对于借入资金筹资方式而言，尽管发行优先股筹资具有"股利支付有一定的弹性"的好处，但在一般情况下公司仍须尽力支付优先股股利，从而形成相对固定的财务负担。因为股利的延期支付有可能影响公司的财务形象，导致普通股股价下跌，给公司的生产经营和以后的筹资带来障碍。此外，优先股股东的优先权还增加了普通股股东的风险。③可能产生负财务杠杆作用。当公司的权益资金利润率低于优先股股息率时，发行优先股筹资，就会降低普通股资金收益率，普通股股东因此遭受财务杠杆损失。

4. 发行可转换证券筹资

可转换证券是指可以按发行时所附的条件转换成其他类型证券（通常为普通股）的证券，如可转换优先股、可转换债券等。其中，较为常见的是可转换债券，即在特定的时期和条件下可以转换成普通股的企业债券。这种转换并不增加公司的资金总量，但改变了公司的资本结构。

可转换证券的转换价格、转换比率、转换期限及相关条款等基本内容在发行可转换证券时已明确规定。转换价格是指可转换证券转换为普通股时股票的价格；转换比率是指每一张可转换证券所能换得的普通股股数；转换期限是指可转换证券持有者行使转换权的有效期限。转换比率与转换价格的关系可用下列公式表示：

$$转换价格 = 可转换证券面值 / 转换比率$$

（1）可转换证券筹资的优点：①可降低资金成本。由于可转换证券附有转换权，投资者从中可能获得转换利得，且投资风险相对较小，因此公司能够以低于普通证券的利率发行可转换证券，使得可转换证券转换前的资金成本比普通证券要低。另外，当可转换证券转换成普通股时，其转换成本比直接发行普通股的发行成本也要低得多。②有利于调整资本结构。可转换证券在转换前是公司的负债资金或优先股资金，转换后是公司的普通股资金。投资者行使转换权后，虽然没有增加公司的资金总额，但资本结构发生了变化。尤其可转换债券转换后，公司的债务资金减少，自有资金增加。负债比例的下降也降低了公司的财务风险，改善了资本结构。

（2）可转换证券筹资的缺点：①可转换证券转换后即丧失了资金成本低的优势。可转换证券转换前是债券或优先股，公司只需支付较低的利息或股息；转换后是普通股，公司需支付较高的股利，成为资金成本高的资金。②可转换债券转换失败时，偿债压力大。大多数公司发行可转换债券的初衷是筹集主权资金，而不是债务资金，即希望投资者行使转换权。如果发行公司经营状况不佳，普通股市价没有如期上扬，投资者将放弃转换权而要求公司偿债，会造成发行公司沉重的偿债压力。③转换价格难以合理确定。由于普通股未来市场价格的变化无法准确预测，发行公司因此难以合理确定可转换证券的转换价格。如转换价格过高，易导致转换失败，使发行公司的预期筹资目标难以实现；如转换价格过低，不仅与发行新股相比所筹资金要少得多，而且会损害原股东的利益。

5. 发行认股权证

认股权证是指由股份公司发行的，允许持有者在一定时期内以预定价格购买一定数量该公司普通股的选择权凭证。认股权证是一种认购股票的期权，是股票的衍生工具。认股权证可以随公司其他证券一起发行，也可以单独发行。

发行认股权证时需确定其认购期限、认购数量、认购价格及相关条款等。认购期限是指认股权证持有人可以随时行使其认股权的有效期限；认购数量是指每一张认股权证可以认购的普通股的股数；认购价格是指认股权证持有人行使认股权购买普通股的价格。

（1）认股权证筹资的优点：①降低筹资成本。当认股权证附在债券上一起发行时，公司为附认股权证债券支付的利率低于普通企业债券，从而降低债券筹资成本。投资者虽然暂时牺牲了一些利息收入，但得到一项权利，这项权利可能使他未来获得的股票溢价收益超过他所牺牲的利息收入。因此，附认股权证债券对投资者也很有吸引力。②增强筹资的灵活性。股份公司发行认股权证后，如果公司发展顺利，一方面公司股价会随之上升，促使认股权的行使；另一方面，公司对资金的需求也会增加，认股权的行使正好为公司及时注入大量资金。反之，如果公司不景气，公司则不会有新筹资需求，股价的呆滞也会使认股权证持有者放弃认股权。③保护原股东的利益。股份公司在利用认股权证对原股东配售新股时，可使一些没有认购能力或不打算认购新股的股东有机会将优先认股权转让，从转让认股权证中获利，并促使股票价格提高，从而有效地保护了原股东的利益。同时新股认购率也会提高，使公司的股票能够顺利发行。

（2）认股权证筹资的缺点：由于认股权的行使不是强制的，认股权证持有者是否行使、何时行使该权利，公司无法预先确定。因此，公司很难控制资金的取得时间，会给公司有效安排资金使用带来困难。

（二）债务资金筹资方式

债务资金筹资方式主要有银行借款、发行债券、融资租赁等。

1. 银行借款

银行借款是指企业向银行或其他非银行金融机构借入的各种借款。按借款期限的长短可分为长期借款和短期借款。办理银行借款时，企业与银行之间要签订借款合同，以明确借贷双方的权利和义务。借款合同中应具备借款金额、借款期限、还款方式、借款利率利息支付方式及借款担保等基本条款，同时还包括对贷款企业的一些限制性条款。

（1）银行借款筹资的优点：①筹资速度快。企业采用发行股票、债券等方式筹资，需做好发行前的各项准备工作，而且证券发行需要一段时间，一般耗时长，程序复杂。而银行借款只需通过与银行的谈判即可取得，所需时间较短，程序较为简单，资金获得迅速。②资金成本低。银行借款直接从银行取得，筹资费用较少，银行借款利率一般也低于长期债券利率，其利息费用也可在税前列支。因此，银行借款比企业债券筹资的成本更低。③筹资弹性较大。企业与银行可以通过直接商谈确定借款的数额、时间和利率等。在借款期间，如果企业情况发生变化，也可再与银行协商变更某些条款。而股票和债券等筹资方式是面向广大社会投资者的，协商改变筹资条款的可能性很小。④可产生财务杠杆作用。银行借款只需支付固定的利息，当企业的利润率高于借款利率时，能发挥财务杠杆的作用，使所有者从中获得差额利润，从而提高所有者的收益水平。

（2）银行借款筹资的缺点：①筹资风险较高。企业向银行借款，必须定期还本付息，当企业经营不景气时，可能会产生不能按期偿付的风险，甚至导致破产。②限制条款较多。这些限制性条款使企业在财务管理和生产经营等方面受到某种程度的限制，约束了企业以后的筹资、投资及经营活动。③筹资数量有限。为了降低贷款风险，银行一般对企业借款的数额会有一定的限制，无法满足企业筹集大量资金的需要。

2. 发行企业债券

企业债券又称公司债券，是指企业依照法定程序发行的、约定在一定期限内还本付息的有价证券。债券本质上是一种公开化、社会化的借据，是发行者为筹集资金向社会借钱。债券的基本要素包括债券面值、债券期限、债券利率和债券价格。

企业债券的持有者有权按约定期限取得利息、收回本金，对企业的经营盈亏不承担责任，有权将债券转让、抵押和赠送；但无权参与企业经营管理，也不参加分红。

（1）债券筹资的优点：①资金成本较低。企业债券的利息通常低于优先股和普通股的股息和红利，利息费用还可作为经营费用允许在税前成本中列支，具有减税作用。且与发行股票筹资相比，债券的发行费用也要低得多。因此，债券筹资的资金成本低于股票筹资。②能产生财务杠杆作用。发行债券的利息费用是预先约定的固定成本，当企业资金利润率高于债券利息率时，采用债券筹资会提高所有者收益水平。③可保障股东的控制权。债券持有人的权利仅仅是按期收回债券本息，债权人没有表决权，更无权参与企业的生产经营管理。因此，债券筹资对股东的控制权基本上没有影响，可避免普通股筹资稀释企业控制权的缺陷。④便于调整资本结构。如果企业发行的是可转换债券，当债券持有人行使转换权时，这部分债务资金便转化为权益资金；如果企业发行的是可赎回债券，当企业资金充裕时，可及时赎回债券，既减少了企业的利息负担，又降低了债务资金比例，财务风险也随之降低。因此，可转换债券和可赎回债券的发行有利于企业主动、合理地调整资本结构。

（2）债券筹资的缺点：①财务风险较高。债券本息是企业固定的财务负担，当企业不景气时，可能遇到无力支付债券本息的财务困难，有时甚至会导致企业破产清算。同时，由于必须定期还本付息，要求企业在资金调度上定期准备充足的现金流量，加重了对企业资金平衡的要求。②可能产生负财务杠杆作用。企业债券的资金成本是固定的，当企业经营不善以至于资金利润率低于债券利息率时，采用债券筹资会降低所有者收益水平。③限制条款较多。为了有效保护债券持有人的权益，发行企业债券的契约中附有许多限制性条款，这些条款限制了企业财务应有的灵活性，可能影响到企业的正常发展及未来的筹资能力。另外，企业债券的筹资数量也受相关法规的限制。

3. 融资租赁

租赁是指出租人（财产所有人）在契约或合同规定的期限内，将租赁物的使用权和一定范围内对租赁物的处分权让渡给承租人（财产使用人），同时按期向承租人收取租金的经济行为。融资租赁也称财务租赁、资本租赁，是由租赁公司按照承租方的要求出资购买设备，在较长的契约或合同期限内提供给承租方使用的一种信用业务。融资租赁的主要目的是筹资，是一种将筹资与融物相结合，带有商品销售性质的租赁形式。

融资租赁的租赁期一般超过租赁资产有效使用期的 50%，是长期而且比较固定的租赁业务；融资租赁合同一经签订，在租赁期间双方均无权中途解约；由承租方负责租赁资产的维修、保养和保险；资产所有权在租赁期满时一般有留购、退租和续租三种选择，大多采用承租方留购的处置方式，这样可以免除租赁公司处理设备的麻烦。

（1）融资租赁筹资的优点：①能迅速获得所需资产。租赁是一种集融资与融物于一体的筹资方式，相当于在取得购买资产所需要资金的同时，用这笔资金购买了资产。这显然比先筹资后购置资产的方式更迅速、更灵活，能使企业尽快具备生产经营能力。②筹资限制少，灵活性强。企业采取发行股票、债券筹资时，需要经过严格的资格审核，运用长期借款筹资时，往往也要受到许多限制性条款的制约。租赁中出租方对承租方的限制和要求则较少。有些企业由于种种原因，如负债比率过高、银行借款信用额度已用完、资信较弱等，限制了企业进一步举债筹集资金。这时可采取租赁的形式，在不必支付大量资金的情况下就能得到所需资产，既可以解决企业的筹资困难，又达到了全额筹资的效果。③能保持资金的流动性。在租赁方式下，企业不必一次性支付大量现金用于购置资产，从而保持资金的流动性。租金是在整个租赁期内分期支付的，分散了企业不能偿付的风险。而且租金可在税前扣除，减少了承租方的所得税支出。

（2）融资租赁筹资的缺点：①筹资成本高。租赁的租金一般包括资产价款、资金利息、租赁手续费及出租方合理的报酬，其筹资成本显然要高于债券和借款等筹资方式。②固定债务增加。承租方在租赁期内需定期向出租方支付一笔租金，这无疑给承租方带来了固定偿债压力，尤其在企业财务状况不好时。

二、可转换债券融资时机的选择

随着我国资本市场的发展和完善，可转换债券这一融资工具必将为众多的公司所运用。为减少企业融资的盲目性，下面就公司运用可转换债券融资的时机做进一步探讨。

（一）可转换债券的融资特性

1. 较低的利息率

可转换债券的利率较一般公司债券为低，它不得超过银行同期存款的利率水平，所以发行公司可减少利息支出，节省融资成本。投资者虽暂时放弃了一部分利息收益，但获得了一种转换期权。

2. 债券与股票的双重身份

可转换债券既具有一般债券的性质，同时还兼有股票的性质。对于发行公司而言，如果转换成功：其一可减轻到期偿还一大笔债务的压力；其二可调整公司资本结构，增强公司实力；其三避开了一般公司债券较多的约束性条款，可增强公司使用资金的灵活性。但转换失败则可能导致公司财务危机乃至破产。对投资者而言，债券转换前是债权人，可获得稳定的利息收益；当发行公司股价上升时，行使转换权，可获得股票涨价收益及比一般债券的利息收益更高的股利收益；股价下跌时，投资者放弃转换权虽遭受一部分利息损失，但避免了股票跌价损失。

3. 转换价格高于发行时公司股票平均价格水平

发行可转换债券时设定的转换价格，一般以发行公司前一个月股票平均价格为基准，上浮 10%~30% 加以确定。为了在转换期内发行公司股价能升值至超过转换价格，以促使债券转换成功，发行公司必须创造最佳的经营业绩，加速公司的发展。因发行新股、送股及其他原因引起公司股份发生变化时，发行公司应及时调整转换价格，以保护投资者的利益不受影响。

4.转换权的可选择性

转换权的行使不是强制的，只有当发行公司股票市价高出转换价格时，投资者才会行使转换权而实现转换利得。这种可选择性减少了投资者的投资风险，但增加了发行公司的融资风险，也可能影响公司在最初融资时确定的最优资本结构。

5.可赎回性与可回售性

发行公司在契约中可规定：在到期日前按高出债券面值的约定价格提前赎回债券的附加条款，即在债券的市场利率降低时，发行公司溢价赎回旧债券，再以较低的利率发行新债券。可转换债券的这种可赎回性，增强发行公司融资的灵活性，有利于进一步降低融资成本。在契约中还可规定：在到期日前，投资者可要求发行公司以一定回报率将债券买回的附加条款，即当发行公司的股票价格在一段时期内连续低于转换价格达到某一幅度时，投资者可按事先约定的价格将所持债券退回发行公司。这种可回售性为投资者的权益提供了额外的保护。

（二）可转换债券融资时机的选择

针对可转换债券的上述特性，公司运用可转换债券融资时需注意选择以下时机。

1.宏观经济环境较好

宏观经济环境的好坏直接影响各公司经营的好坏，必然对证券市场股价变化带来极大的影响。经济高涨时期，股价大幅度上升，有利于可转换债券的发行和转换。

2.一般公司债券的市场利率水平较高

当公司债券的市场利率较高时，公司发行一般公司债券的融资成本较高，利率下调的空间也较大，发行可转换债券则可以达到节省融资成本的目的。目前，我国存贷款利率及一般公司债券的利率偏低，利率下调的空间较小，能为发行公司节省的融资成本极为有限，不宜选择可转换债券的融资方式。

3.发行公司应为上市公司或即将上市的公司

从可转换债券的基本特性来看，其发行主体应该是上市公司。对于非上市公司，投资者无从了解其股票的真实价值，也难以判断公司的经营业绩和发展前景，转换权的选择往往带有极大的盲目性，必然影响到这些公司可转换债券的出售和转换。目前，我国证券市场上可转换债券的发行主体限于重点国有企业中的未上市公司，以扶持这些国有企业改制解困。但随着我国证券市场的发展和完善，必将取消其发行资格，取而代之的应是运作规范的上市公司。

4.发行公司的资产负债率较低且有调整资本结构的内在需求

我国相关政策规定：可转换债券发行额不得少于一亿元，且发行后，发行公司资产负债率不得高于70%。若发行前资产负债率已较高，发行后的资产负债率往往会超过70%，这是政策所不允许的，且高负债带来的高风险，也将使投资者不愿涉入。同时，可转换债券的发行必须以所有可转换债券转换为股权之后企业资本结构达到最优为目标，如公司原有股东不愿意股权被稀释，没有在三五年内扩大股权的资本结构调整需要，则只适宜发行一般债券。

5. 发行公司近期的经营业绩较佳

可转换债券的发行公司必须最近三年连续盈利，且净资产收益率平均在 10% 以上。如公司近期经营业绩差，也就无法吸引潜在债权人投资，即使是一般公司债券也难以发行成功，更何况是可转换债券。

6. 发行公司成长性较好

成长型公司的发展前景好，其股票的未来升值潜力较大。只有在预期债券转换期内发行公司股票价格可升至转换价格之上时，才会对潜在的可转换债券投资者产生足够的吸引力。这也是可转换债券发行和转换成功的基础。

7. 发行公司具有较强的偿债风险承受能力

许多发行公司是以转换成功为前提假设来发行可转换债券的。但必须充分考虑公司股票价格变动的风险以及投资者对转换权的可选择性等因素给发行公司带来的偿债风险。发行公司必须具备抵御这种风险的能力，否则一旦转换失败，发行公司可能会因投资者行使回售权或债券到期需偿付高额的债券本息而破产。

8. 适时设立赎回条款与回售条款

如发行公司近期股价持续上涨，且上涨幅度较大，未来发展前景非常乐观，投资者的投资欲望较强，发行公司在发行可转换债券时可附加赎回条款。在这种情况下，一般不会影响可转换债券的出售，但对发行公司则极为有利：一方面可避免债券市场利率下调时公司仍承担较高利率的风险；另一方面在股价大幅度上扬时可迫使投资者行使转换权。如果发行公司发展前景不是很乐观，可能影响到可转换债券出售时，发行公司可附加回售条款，这种额外的保护可吸引更多的投资者，有利于可转换债券的顺利出售。

第二节　投资管理应用创新

一、股权投资管理创新

随着经济体制改革的不断深化，我国企业进入了新的发展时期。面对良好的发展机遇，如何将其充分利用、助力自身发展成为企业最为关心和关注的问题。若要实现紧抓机遇的目的，首先要加强资金管理。毕竟资金是企业的血液，是开展一切经营活动的基础，更是企业扩大业务规模、增强经营稳定性不可或缺的支柱。为了实现对资金的高效利用，企业采取了种种方式，股权投资就是其中较为有效的手段。通过股权投资，企业既能盘活闲置资金，又能加大对被投资企业的控制力度，从而实现资金的最大化利用；同时，企业也需要在一定程度上承担被投资企业的经营风险。也就是说，股权投资有利有弊。为了扩大有利影响，规避不利影响，需要对股权投资展开深入研究，明确管理关键点，找到强化股权投资的有效措施。

（一）股权投资概述

股权投资是指企业通过资金注入、无形资产投入等方式直接投资其他单位，或者购买其他单位股票的形式取得被投资单位股份的模式，其最终是为了获得更高的利益。企业进行股权投资时，需要遵循以下三个原则。一是安全效益原则，虽说风险与收益并存，企业投资活动必然会伴随风险的发生，但在进行股权投资时，需要避免涉及高风险行业，对于风险不可控、收益难评估的项目也要加以规避，也就是说，要以安全性强、收益率高为投资前提。二是规模适度原则，股权投资一般都是长期投资，所需投入的资金数额较大、回报周期较长，在资金回笼期间容易出现不可控因素导致投资回报率下降，甚至会影响企业正常运转，因此在进行股权投资时需要控制投资规模，比如，股权投资总额应限制在净资产的 50% 以下。三是规范效率原则，股权投资决策的制定需要严格按照企业相关程序规定进行，所需开展的调查、留存的资料等均需完善；同时还要提高各环节的工作效率，避免因效率低下而错过最佳投资时机，导致前期进行的分析论证失去参考意义。

（二）股权投资的必要性

1. 提高资产利用率的需要

随着企业发展壮大，其所拥有的资产总额也在不断增加。不论是现金流等有形资产，还是技术、人力等无形资产，企业在自身发展过程中容易出现对其使用率有限的情况，导致或是存在一些闲置资产，或是用于自身业务所能获取的收益不高。这种投入产出比低下的情况实质上是对企业资产的浪费，因而需要找到更科学的资产使用方式来提高利用率，股权投资就是行之有效的方法。具体来说，企业通过市场调研、考察等方式明确适合投资的单位，然后投入适量资产以取得相应股份，如此便可以通过被投资单位的生产经营取得相应收益。这种方式可以将企业资产用在投入产出比最高的地方，使企业获得最为理想的收益。由此可见，股权投资是企业提高资产利用率的需要。

2. 分散风险的需要

企业所能开展的自营业务的种类、规模等都是有限的，而且在业务经营过程中所产生的风险全部需要自己承担，这对企业来说是较为不利的。因为若是企业实力不够雄厚、业务不够稳定的话，一旦相关市场产生波动，发生不利于企业经营的变动，就有可能影响其经营状况。因此，企业必须学会分散风险。只有将经营过程中可能遇到的风险零散化，才能在一种业务出现问题时有另一种业务做支撑，确保企业经营的顺利开展。股权投资就是企业分散风险的一种方式。通过股权投资，企业可以对内部资源进行合理再调配，在确保自营业务稳定发展的前提下，将额外资产进行投资，可以涉足一些低风险、高收益的行业，既实现企业业务种类的多元化，又能提高业务弹性和风险适应性，降低风险发生率和带来的不利影响。

3. 提高市场控制力的需要

对企业来说，其必定处在产业链的某一环节，有其所相关联的上下游企业，各个企业之间有着紧密的利益联系，一旦上下游企业发生变动，或是经营状况出现不良问题，或是两者之间合作不够顺利，都会影响企业自身的发展运营。比如，原材料供应商延迟供货、供货品质不达标等，企业利益都会受损。因此，企业若要确保经营业务的稳定，就必须加强对相关市场的控制力度。进行股权投资则是企业提高市场控制力的有效手段。这是因为，通过对上下游企业进行股权投资，企业可以取得其一定的股权，根据股权多少，企业所拥有的掌控力度也是不同的。比如，企业若是拥有足够的股权，则有权决定被投资企业的经营决策，使之做出最有利于企业获益的决策；若是企业拥有的股权有限，那么也可以对被投资企业造成一定压力，使其在制定决策时将企业利益考虑在内。

4. 是调整资产结构、增强企业资产流动性的需要

股权投资是以获取被投资单位股份的模式进行的，所以其标的主要是股份，特别是对于可在资本市场上自由交易的股份，其流动性很强，上市公司股票是随时可以进行自由交易的。因此，当企业有投资计划且有相应资金时可以通过评估买入适合公司的股票，而在需要资金时或者是发现所投资企业股票走势预期不好时，又可以随时将股票卖出获得现金。这样既有利于增强资产的流动性，又可以让企业的闲散资金获取高收益，不会因为股权投资而影响企业资产的变现能力，又可以调整优化企业的资产结构，增强资产流动性。

（三）加强股权投资管理的创新措施

1. 加强人才培养

人才是企业最宝贵的财富，企业在分析考察市场、制定经营决策时，除了依靠全面的信息资料，最重要的是依靠高能力的人才，只有高水平的人才，才能将企业所收集的信息资料充分利用，达到最理想的效果。而股权投资本身就是一项较为复杂且关系重大的决策事项，必须有专业人员的参与。因此，若要加强股权投资管理，首先要做的就是加强人才培养，保证所做每一项决策的合理性，减少风险。一方面是理论培养，即通过专家讲授、案例分析、情景模拟等方式开展培训课程，通过学习提高工作人员的理论知识水平，并熟悉每个操作环节的关键事项，为实际操作提供基础。另一

方面，要增加实际工作经验，这就要求企业在开展培训时，必须保证所学课程、知识和具体工作有高度契合性；培训结束后，企业要为参培员工提供应用培训所学知识的机会，使其能够将所学知识尽快应用于具体工作，提高其实际操作水平。此外，企业应该着重培养工作人员的市场敏感性、信息分析能力以及全局观念，能够及时捕捉市场变化时所传递出来的信息，并做好下一阶段的预测，确保在进行股权投资的相关分析时能够从足够的高度进行。

2. 做实可行性研究

可行性研究是企业进行股权投资前必须进行的工作，而且至关重要。这是因为，一项股权投资决策是否制定和执行，关键就是要参考可行性分析报告。通过此报告，可以了解此项投资的资产投入、效益回报、回报周期等种种信息，明确可行性高低，然后结合企业实际状况、需求等做出最终决策。一旦可行性研究浮于表面、流于形式，不能反映最为真实的情况，那么最终报告的科学性就有待商榷，可参考价值就不大了。有鉴于此，需要做实可行性研究。首先，投资前必须进行深入的市场调查，从多个维度层面了解拟投资行业乃至相关行业的发展现状、趋势及经营业绩等，收集足够的市场信息作为后续分析支持性材料。其次，要做好敏感性分析，对于拟投资行业和产品相关的影响因素进行深入分析，包括国家政策、技术发展、替代产品、行业周期等，通过相关影响因素的分析洞悉未来发展趋势，预先考虑股权投资过程中可能出现的问题或遇到的风险等，并制定有效的应对措施，判断投资的可行性。最后，要深入了解拟投资企业的真实情况，包括经济实力、科研实力、人力资本等，确保企业的可行性分析是在知悉拟投资企业真实情况的前提下进行的，避免因股权投资带来风险。

3. 合理设置治理结构

企业发展状况与被投资公司的治理结构密切相关，若是被投资公司的治理结构不利于股东，那么企业进行股权投资后也无法获得预期收益，一旦被投资公司出现经营状况，企业还要承担相应风险和损失。因此，对被投资公司治理结构的确定，需要以股东风险最小化、利益最大化为原则。而这就需要明确企业对被投资公司的控制程度，是实际控制还是仅参股。若是非实际控制而仅为参股，那么控股比例最好限制在40%以下，防止投入大量资金、没能实际操控被投资企业的经营决策，反而要承担极大风险。要科学设置决策机制，尤其股东大会、董事会等会议机制的确定：若是实际控制，那么要慎重分配决策权力，避免出现制定决策时被小股东牵制的情况；若是参股，则要关注一票否决权的设计方案，明细企业是否有一票否决权。同时，企业要形成科学的投资决策体系，对股权投资项目的决策要在可行性研究的基础上，集思广益，保证所做出决策的组织层级科学合理，提高决策的合理性。

4. 建立并完善风险预警机制

所谓的风险预警机制，不仅仅是针对投资风险，还有股权投资阶段的筹资风险等。

完善有效的风险预警机制可以帮助企业更好地规避风险，或及时化解风险。首先，企业自身应该有完善的风险预警机制，全面做好企业经营运转过程中所面临的各类风险的预警工作，在触发预警警戒线时及时做出反应，避免风险的发生或者是影响范围扩大。其次，企业要在被投资企业也建立风险预警体系，特别是在拥有绝对控股权的情况下，这样可以实时监督所投资股权项目的运营情况，能够在被投资企业出现不利因素时迅速进行调整，避免股权投资项目出现损失甚至更坏的局面。最后，做好风险识别和评估工作，从专业角度加强对风险的识别，并合理评估风险发生的可能性及影响，在企业风险可承受能力范围内建立完善的风险预警红线，发挥风险预警机制作用。

综上所述，企业进行股权投资既是提高资产利用率的需要，也是分散风险、提高市场控制力的需要。在进行股权投资时，需要遵循安全效益、规模适度以及规范效率三个原则。为了加强股权投资管理，提高投资的科学性，可以采取加强人才培养、做实可行性研究、合理设置治理结构、完善风险预警机制建设等措施，不断提高企业股权投资的科学性以及管理的有效性，保障股权投资的收益性。

二、项目投资管理创新

企业可以通过项目投资提高经济效益，推动企业自身长久发展。对项目投资管理进行重点研究分析是当前企业发展规划的重点课题。

（一）项目投资管理面临的新局面

1.项目融资难度逐步加大

在过去传统的投资模式下，项目的建设资金主要依靠企业自有资金、公司贷款等方式解决，在项目建设完成后，通过后续运营管理实现项目收益。但是，随着近年来国际宏观经济下行压力加大，国内投资放缓等因素影响，项目建设面临的融资压力逐渐增加。单纯依靠银行贷款势必增加企业资产负债率，甚至影响企业日常生产经营。如何完善融资渠道，盘活企业资产，是对企业投资项目管理提出的新挑战。

2.项目经济效益低于预期

项目的经济效益主要取决于项目投资概算与后续运营管理。项目落地受建设工期较长的影响，人工、原材料成本增加，加之个别项目设计变更较多等多方面因素，导致项目实际投资远超项目概算，致使项目总体收益低于预期；同时，也存在个别项目运营管理成本居高不下、项目重复建设分流市场等问题，致使项目运营收益低于预期，影响项目经济效益。

（二）加强项目投资管理的意义

1.有利于改善企业的资本结构

对于企业而言，自有资本、企业开始成立时投入的资金以及企业投入运营后产生的收益等资产，均为企业可用的投资资源。企业单纯依靠自身资源完成项目投资既为企业日常生产经营造成影响，又无法做到内外部资源有效利用，而单一的银行贷款融资模式也越来越无法满足企业投资需求。在新的环境下，拓宽融资渠道，完善融资方案，不但有助于新项目的建设推进，并且可以为企业的正常运行提供保障。不仅如此，企业还可以借助融资管理，将固定资产转变为流动资金，有效提高市场信誉，从而进行短期贷款筹措资金，之后将这些资金投入企业其他项目的投资生产过程中，平衡企业金融结构的投资和负债。

2. 有利于完善企业的管理制度

对于企业来说，企业的长远发展离不开完善的管理制度。加强企业投资项目管理，倒逼企业完善管理制度，有利于防范项目风险，降低项目管理成本，提高项目后期运营效率，增加项目未来收益，更好地实现项目经济效益。同时，完善的内控制度与核算管理制度可以为项目落地、企业确立合理的投资计划提供参考信息，提高内部管理决策的科学性。

（三）项目投资管理的创新措施

1. 企业投资项目与企业发展战略相匹配

企业的发展一方面依靠日常生产经营累计；另一方面依靠扩大生产规模、并购标的企业实现资本扩张。企业的投资标的项目必须与企业的发展战略相匹配，与企业主业发展相适应，用有限的资源投入更加契合企业发展的项目中。在跨行业投资时审慎论证，深入做好行业研究与风险控制，实现企业滚动发展。新时期市场经济繁杂多变，在新的投资环境下寻找适合企业发展的投资标的，论证项目实施影响，实现生产经营与项目投资对企业发展的双轮驱动，为企业长久发展提供持续动力。

2. 健全企业金融投资预算管理体系

当企业规模发展到一定程度，最大的风险并非来自日常经营，而是在于企业盲目扩张导致的资金链断裂，企业投资项目的论证前提在于企业的融资能力及企业现金流的承受能力，在企业投资项目决策时，需对企业的投资能力给予准确判断，避免因项目投资影响企业经营性现金流，切实规避盲目投资、过度扩张。因此，健全企业投资预算管理体系是保障企业投资管理的重要支撑，其具体措施如下：首先，培养企业财务和管理人员良好的投资管理理念。当前我国市场经济发展日新月异，只有管理人员具有敏锐的市场嗅觉，才能为企业投资规划指明方向，所以需要企业建立健全投资预算管理体制，提高资金综合投资利用率。其次，加强企业内部资金预算，保证资金预算科学、合理、高效、规范。最后，对企业投资预算责任机制进行完善，在该机制的作用下，能够使预算行为的相关责任落实到个人，并结合相应的奖惩制度，能够促使预算人员明确工作重点，强化个人责任机制，提高预算管理体系的有效性。

3. 做好企业投资计划

投资计划是投资项目落地的指导总纲，是企业短期投资行为的实施方略。年度投资计划的编制是年度投资行为的前提与基础。企业针对投资能力、投资风险、收益测算等事项进行系统分析，根据企业资金承受能力，选取与现阶段企业发展契合度最高的项目，适当舍弃与企业发展不适应的项目，编制年度投资实施方案，确保投资计划符合企业经营需求，做到企业投资有的放矢。与企业发展相匹配的投资计划，是新时期企业投资管理策略的重要措施。

4. 实现投资项目全过程管理

在新时期项目投资管理过程中，除了传统项目建设过程的管控外，要更加注重项目全过程管理。所谓投资项目全过程管理，是指投资项目从项目论证阶段开始，到项目建设实施、竣工验收、生产经营为止的全生命周期管理，主要分为项目事前决策、项目事中控制、项目事后管控。项目事前决策主要从项目所处行业、企业投资能力、项目收益分析、项目风险论证等各个方面全面考察项目，对项目是否开展提供准确的判断。项目事中控制主要是项目投资概算、项目实施进度、项目建设质量等方面，从资金、节点、质量三个角度对项目建设进行管控。项目事后管控主要是对项目竣工验收并转产运营后的经营效益进行分析，与项目决策阶段的效益论证进行对比，验证项目效益是否达到预期，如未达到预期，审查相关原因，并提出有针对性的改善方案。为了实现项目全过程管理，针对各个环节制定对应的管理办法，严格奖惩机制，这样，通过项目全过程管理，切实实现企业投资对企业发展的持久驱动。

5. 提升企业内部投资管理水平

首先，强化队伍宏观意识，注重政策变化对项目的影响。在市场经济中，投资行为会受到国家宏观调控的影响，因此企业须明确国家当前政策，思考企业发展与政策契合点。其次，完善激励机制与考核机制。一方面，制定切实可行的激励措施，综合考虑物质与精神激励相结合，增强团队凝聚力；另一方面，严格落实项目考核措施，增强投资团队对于项目实施的责任心，多措并举，提高团队投资效率。最后，始终保持团队学习能力。随着外部环境的复杂多变，对企业投资项目选择与落地提出了更高的要求，这就要求投资团队始终保持学习能力，接受新鲜事物，探索潜在发展机遇，从而对项目有着合理判断，提高投资团队业务水平。

综上所述，随着信息时代的到来，项目投资管理将会面临不一样的风险和机遇，在竞争日益激烈的环境下，想要推动企业长足发展，企业应该充分意识到投资管理的重要性，拓宽企业融资渠道，做好企业投资计划，实现投资项目全过程管理，提升企业内部投资管理水平，助力企业健康稳定发展。

第三节　成本管理应用创新

任何经济活动都会涉及成本，成本将直接影响最终的收益，是企业经济活动中需要考虑的关键因素之一。成本管理则是在着眼公司全局的条件下，从各个环节对生产成本进行控制和管理。一个企业的正常运作涉及多个环节，每个环节都会产生一定的成本，最终的盈利额要在销售额里面扣除成本，因此成本越低，企业的效益才会越好。

大部分企业已经认识到成本管理的重要性，在企业的运行过程中也采取了一定的手段控制成本，但是从整体上而言，我国企业的成本管理仍存在一定的问题。首先，观念比较落后。在一些人的观念里，成本管理就是一味地降低成本，甚至不惜牺牲质量和品牌声誉，这种做法往往得不偿失，损害了企业的形象。其次，企业预算不到位，在一些工程和项目的开展过程中，没有贯彻落实预算管理，最终使得成本与预算相差太远，影响了企业的最终效益。最后，企业的成本管理工作不科学，造成相应信息无法适应现实情况，与市场实际脱轨。在这种问题的影响下，企业成本管理发挥的作用有限，对此，必须创新现有的企业成本管理方式，才能推动企业的跨越式发展。

一、创新成本管理

实践证明，传统的成本管理观念已难以适应当前的市场环境，必须转变传统思维，不断求新求变，开拓创新，才能做好成本管理工作。首先，应当树立全面成本观念。在以往的观念中，所谓的成本只包括生产产品所需要的成本，这是最直接的成本，但成本远不止这些。产品的开发、生产、运输等环节都会产生消耗，这些都属于成本的一部分，全面成本就是要将企业运行各个环节所可能产生的开支都包括在内，这样对企业日常活动中的各项开支便一目了然，从而有利于从整体上把握企业的真实情况，寻求有效的盈利方式。成本管理观念是支配企业活动的领导者，只有从根源上树立正确的成本管理观念，后续工作才能顺利地进行下去。其次，要形成成本效益观念。在一些人的观念中，尽可能地降低成本就可以增加企业盈利的机会，殊不知，一味地压缩成本，甚至不惜以次充好，运用质量低劣的材料，会使得产品的质量大打折扣，影响产品在消费者心中的地位，树立不好的形象，最终导致企业的效益一落千丈。企业成本管理决不能再走这样的老路，在保证产品质量的同时，寻求科学的成本管理方式，用质量和口碑提高企业的效益，赢得消费者的信任，从而提升企业的效益。

二、做好市场调研，创新预算管理

预算在企业成本管理中占据重要地位，预算直接影响后期的收益，有些企业正是因为不重视预算管理，前期没有与市场相衔接，最终预算与实际情况严重脱轨，影响了企业的最终盈利。因此，做好预算也是控制成本的重要手段之一，理应做好前期的市场调研，创新预算管理。在一个项目开始之前，应当由专业人员进行调研，根据市场的真实情况，对各个环节可能需要的成本做出详细的报告，以便领导者能够更好地认识这一项目可能需要的成本和最终可能获得的盈利，能够更好地做出决策。做好预算需要建立一支专业的预算队伍，确保预算的科学性，真正为企业的运营发挥相应的作用。此外，做好预算管理不仅要对成本进行预算，还需要对未来可能获得的收益进行预算，从而更直观地了解最终的收益情况，做好成本管控工作。

三、加强科技创新节约成本

科学技术是第一生产力，不重视科技的企业势必要被市场淘汰，通过科技创新一方面可以提高产品的功能，吸引更多的消费者，另一方面也可以节约成本，提高效益。在一些企业中，产品的生产需要依赖大量的机器和人工，一些大型器械的工作效率不高还需要大量的人力，长此以往便会在无形中增加产品的成本，降低效益。因此，加强科技创新无疑是节约成本的一种好办法。企业可以通过引进先进技术和器材，或者加大人力和资金投入，研发新的技术和产品，虽然前期需要投入一些资金，相应地增加成本，但是从长远来看，新的技术可以提高企业的生产效率和产品质量，减少人力和物力的投入，加强科技投入是十分必要的。

四、提升员工的成本管理能力，建立专业的队伍

企业的成本管理工作离不开专业工作人员的帮忙，在一些企业中，缺少专业的成本管理工作人员，会使得成本管理工作难以真正贯彻落实，针对此情况，若想实现企业成本管理的创新，必须建立一支专业的队伍，通过员工之间的相互合作，从各个环节入手，加强相应的管理工作，做好前期的成本预算并严格按照预算推进各环节，如果出现严重超支的情况应当尽快采取相应措施，做好管理工作。人才，在 21 世纪是最重要的财富，任何工作的推进都离不开人才的支持。首先，企业应当认识到人才的重要性，建立一支专业的队伍。其次，企业应当引导员工树立成本观念，在企业的日常活动中严格贯彻成本管理，强化每个环节。

成本管理在企业的发展过程中至关重要，直接关系到最终的收益情况，针对目前的情况，为了实现企业的综合发展，对于运营中的各个环节都应当加强管理，建立专

业的管理队伍，树立正确的观念，做好预算等相应工作，实现企业效益的最大化。

第四节　股利分配管理应用创新

在快速发展的现代社会中，市场竞争越来越激烈，企业财务管理工作是影响企业能够长久稳定发展的重要因素，本书将从财务管理中的股利分配问题入手进行研究，对于企业的发展来说具有重要的社会现实意义和不可忽略的价值，也希望能够激发更为广泛的思考和讨论，进而促进该领域更加深入的研究。

一、股利分配的内涵分析

所谓的股利分配，是股东按照特定的形式从自身所持有股份的公司获得的收益，从内容角度来说，包括股息以及红利，而股东能够获得相应的股利，最为重要的因素是其所持股的企业经过正常的经营具有经营成果，也就是所获得的收益，从股利的分配形式来说，既包括现金股利分配，也包括股票股利分配。在股利具体的分配过程中，可以实行定期稳定的分配政策，也可以具体依据企业的运作情况来设定具体的分配政策。

二、股利分配的现状思考

目前，关于我国上市公司进行股利分配的过程中，主要存在以下几方面的问题：首先，部分企业在自身经营实现了足够盈利、可观盈利的情况下仍然进行不分股利或少分股利的决策，对于中小股东的理由主要为企业需要、为后续的经营进行足够资本的留存。从经营角度来说，此种决策无可厚非，企业长久稳定的经营也能够带来更为客观的收入。但与此同时，企业在股市中进行大规模的资本融资，并且给予高管层大规模加薪，在一定程度上漠视了中小股东的股利分配要求。其次，从股利分配的原则来说，一般需要公司董事会进行决议，而通过少数服从多数的原则，股利分配的具体原则往往是按照大股东的意愿进行，部分大股东在进行股利分配原则制定的过程中，只考虑当前的现金收入情况，并不能充分考虑企业的长久发展因素。再次，在股利分配过程中，由于缺乏成熟的考虑和足够的市场洞见，部分企业在具体分配过程中往往出现不同年份相去甚远的状况，股利分配政策本身的稳定执行性质不强。最后，很多企业利用股利分配的过程进行再次融资、圈钱，将股利与融资共同推进。

三、股利分配管理的创新措施

（一）限制条件

为了能够保证企业的健康运作和经营，避免多方主体的利益受到恶意威胁或损坏，企业在进行股利分配的过程中受到多维度政策的限制，进而避免在企业内部出现不良目的的操作。具体来说，若企业在经营过程中借入了前期债务，在债务未到期完全偿还的过程中进行股利分配，则需要满足债务合同中的具体条款，若企业在股利分配的过程中计划采用现金的形式进行分配，则需要预留足够的资金进行未来一段时间内的运营周转，避免股利分配或恶性操作行为导致企业在后续的经营过程中出现问题，进而影响广大股东的基本权益。

（二）经济环境

外部经济环境对于市场环境中的经济主体行为具有直接性的影响，尤其经济环境波动较为剧烈的时代，经济主体的决策更是受到较大的影响。在企业进行股利分配的决策过程中，越来越多的企业倾向于采用现金股利的分配形式，但当外部经济环境出现较为严重的通货膨胀时，现金本身的购买能力下降，企业预留的购买重大资产的资金已不足以满足基本的支付要求，则需要从经营利润中进行找补，这就直接影响股利分配的金额。因此，对于企业而言，在进行股利分配的过程中，基于企业自身的长期运行，还需要充分考虑外部的经济环境因素。

（三）市场环境

前面已经提到，对于企业而言，目前最为广泛、最受青睐的股利分配形式为现金股利，在现金股利派发的过程中也受到外部市场环境的影响。从企业经营角度来看，若外部环境拥有较多的投资空间和机会，企业为了获得更高水平的收益则需要更多的资金支持，那么在当年周期内的股利派发过程中则偏向采用低股利的形式，留存更多的灵活资金进行投资，而如果市场外部环境的投资机会较少，扩大规模获利的机会并不明显，则可能会在股利分配的过程中采用高股利的形式。外部市场环境直接影响企业在股利分配过程中的决策以及操作空间。

（四）经济能力

企业在进行股利分配的过程中，通过现金股利分配尽管能够满足大部分股东的需求，但仍然需要充分考虑自身的运行是否能够维持，主要考虑企业在拥有债务时的持续偿还能力，进而保持企业在市场经济环境中的良好形象和信誉。需要注意的是，考虑企业偿还能力时，需要考虑企业的自持资产情况，其主要参考指标是企业的资产变现能力，也就是现金支付的能力，这样才能灵活安全地应对债务和自身运作的需求。

尤其对于高位发展阶段的企业而言，可能拥有大量的固定资产，但灵活资金的体量并不充裕，那么该企业的变现能力是相对较弱的，在进行股利分配的过程中要更为谨慎。

（五）投资者因素

企业的投资者构成并不是单一的，多样化的投资群体导致在股利分配的过程中需要进行更为全面的考量。具体来说，少量投资者属于公司的永久性股东群体，这部分人对公司的忠诚度最高，希望公司不断发展壮大，并且具有长期稳定发展的能力，因此对于短期内的股利分配重视程度并不高；还有部分股东注重稳定的高额股利分配，希望拥有定期的股利收入；另外，还有众多投机群体，希望通过短期获得较高的利益收入。因此，对于企业而言，三种投资群体都是必不可少的，在股利分配的过程中也需要充分考虑三种群体的特征和需求。

四、股利分配对企业发展影响思考

（一）请求权对财务管理的负面影响

为了能够切实维护多方投资群体的利益，在企业进行股利分配的过程中，往往股利分配决策掌握在高层管理人员及大股东手里，大股东为了自身的利益很可能在股利分配的过程中出现倾斜、不公平的现象，进而导致中小股东的权益无法得到兑现，在具体的操作环节中，中小股东为了维护自身的利益可以对企业进行法律起诉，实现自身的请求权力。但需要注意的是，此种操作不可避免地对企业造成一定的负面影响，尤其关于企业在市场环境中的信誉造成不可挽回的负面作用。因此，为了切实维护企业的形象和长期稳定发展，在股利分配过程中需要切实考虑中小股东的权益，避免出现不公平的股利分配。

（二）对企业成长的影响

在现代市场经济环境中，企业的长久发展离不开融资市场的支持，而融资市场需求以公司本身的实力、信誉情况作为基础，若企业在经营过程中恶性地不进行股利分配，则可能给资本市场传递出不良的信号，造成股东对公司能力、经营信心的下降，甚至对企业的信誉产生怀疑，不利于企业后期的融资动作完成。因此，从企业长久发展的角度进行考虑，需要切实根据自身的经营情况进行股利分配，及时公开信息，在资本市场中注重自身形象的维护，避免短期利益的行为造成长期形象的损坏，尤其在现代社会中，信息传递成本较低，信息传递速度更快，企业的形象维护也需要投入更大的精力。

（三）对财务现金情况的影响

企业股利分配政策的制定，需要切实考虑到企业自身的资金情况和未来运作的资金需求，充分考虑不同投资人的获利诉求，企业的长久发展，不仅关系到投资群体的利益保证，更关系到企业员工及相关业务领域的正常运作。正确科学评估企业的股利分配能力，避免核算的失误、决策的失误甚至是恶意的决策，导致损坏他人的利益，甚至由于出现不合规行为而走入社会基本道德的背面。因此，企业股利分配不仅关系到对投资人的负责和回馈，还需要从企业作为一个经济主体的运行角度来衡量，避免由于不科学的分配影响财务现金的情况，进而影响企业的健康运作。

在现代市场环境中，股利分配已经成为众多上市公司面临的重要问题，股利分配的合理性将直接关系到企业未来的长久发展，在具体操作过程中，需要切实考虑限制条件、经济环境、市场环境、经济能力及投资者偏好等，从企业的长久发展出发，真正做好对企业的利好决策，提高企业在市场环境中的形象和信誉度，促进企业良好健康的发展趋势。通过本书的阐述，希望能够为更多的工作者提供思考的方向，进而促使该领域的研究更加深入。

第七章 企业财务会计智能化

第一节 财务会计的人工智能化转型

随着大数据时代的到来，以云计算为代表的现代信息技术被广泛应用于各个行业，一场以"新时代"为标签的数字革命，正逐步改变人们的生活。不同领域内人工智能的应用率持续提高，人工智能结合企业财务也成为国内企业开展财务工作的主流形式。宏观而言，会计核算在国内的整个发展进程可归纳为手工会计—会计电算化—智能会计，会计实践的技术性逐步增强，智能技术逐步取代会计人员，成为影响会计发展的决定性因素，这一过程中会计数据的收集、处理与分析能力不断增强，同时精准性也登上了更高的台阶。然而就会计领域内人工智能技术的具体应用情况而言，其应用水平依然相对较低，尚有诸多难题亟待攻克。

一、我国人工智能在会计上的应用现状

（一）人工智能使会计复杂任务自动化

人工智能发展初期是以复杂任务自动化为主要任务，也是信息化高级阶段的主要标志。随着人工智能技术的发展与应用，一系列复杂性极强的会计任务实现了自动化发展，如以物联网为基础的企业管理决策、审计师选派、会计准则的具体执行等。目前会计领域内人工智能的应用，主要表现为核验与查重会计凭证、传统原始凭证人工网站查询方法的整合与优化，将原始凭证核验变人工化为自动化。各层次会计工作与人工智能的有机结合所发生的变化，主要表现为会计基础数据的收集与处理，由人工操作演变为机器自动实现，同时部分常规化的决策也交由机器完成，而财务工作者同样需要具备相应的会计理论与意识。

（二）人工智能帮助财务开展大数据分析

人工智能系统可以从企业自身发展的财务情况入手，与当前行业背景及政治经济全球化环境相结合，对相关数据加以归集，并据此构建相应的数据模型，同时结合各

方面变化对数据模型进行实时修订，以期将最原始、最客观的数据资料提供给经营者。从时空差异入手对企业进行系统分析，并将相应分析结果提供给企业管理者，尽力拓展企业发展空间，以使当前制约企业发展的短板得到有效补充。譬如，产品成本：从工艺流程入手对人工成本及直接费用加以核算；基于产品结构对直接材料加以核算；合理归集分配各层次成本中心的费用以完成间接费用的核算。

（三）人工智能实施财务风险控制

所谓财务风险智能防控，是依托人工智能实现人类直觉推理与试凑法的形式化发展，以强化财务风险防范能力。面对未知或不确定性因素时，现代财务风险防控系统或许会采用部分充分性不足或完整性不强的数据，财务风险智能控制从技术层面为该问题的处理奠定基础。现阶段财务风险智能控制的主要流程集中表现为：①通过神经网络法与模糊数学相结合的方式，实现财务风险控制的动态环境建模，并以传感器融合技术为依托实现数据的预处理与综合；②以专家系统的反馈结果为参照，就控制模式及参数或控制环节加以优化调整。

二、人工智能时代财务会计转型面临的挑战

（一）思维挑战

唯有不断强化创新意识与变革理念，以此推动企业传统财务模式的变革，才能以管理会计逐步取代财务会计。这就决定了一味强调从专业素养与业务能力出发，对企业会计从业者进行强化培养是远远不够的，持续强化其转型意识更为关键。然而就当前客观情况而言，真正认识到思想意识变革与企业财务会计转型间密切关系的企业寥寥无几，仅以工作内容与业务模式为主要转型对象，人为限制了管理会计的发展，致使财务部门与管理部门间职责不清、分工不明，无法发挥最大化协同效应，进而对转型效果造成一定负面影响。

（二）技术挑战

无论对企业还是对会计工作者而言，人工智能技术均是从未接触过的全新领域，因此人工智能技术的具体应用，成为企业乃至每一位会计从业者的必修课。在人工智能加大数据模式高速发展的宏观形势下，企业信息数据库随之实现规模化发展，这就决定从数据库海量信息中甄别出有价值的信息的难度随之升高。企业在规模化数据库中挑选与自身发展相匹配的数据信息，信息处理的时效性相对较低。操之过急俨然已成为国内企业财务会计转型的通病，前期准备工作并不充分，进而使得会计从业者关于大数据技术的理论与知识储备过于薄弱。

（三）管理挑战

人工智能技术在会计领域内的应用，导致传统财务会计面临前所未有的挑战，企业需真正意识到企业财务发展中管理会计的核心地位与重要作用。通过调查发现，当前国内企业并未意识到管理制度转型在财务会计转型中的重要意义，大部分企业并未契合自身实际建立健全的管理制度体系，进而导致转型受阻，这既会对企业的可持续发展造成一定阻碍，同时与时代发展形势背道而驰。忽视管理制度的转型，会严重制约会计从业者的职能转型，进而导致不同部门之间分工不清、职责推诿，最终导致协同效应的发挥受阻。

三、人工智能时代财务会计优化转型措施

（一）财务管理观念转变

在大数据时代下，企业唯有不断推动自身财务会计向管理会计的发展，不断加强对管理会计的重视，才能为自身与时代发展产业的有机融合创造条件，进而实现时代化的发展。但财务会计的转型无法一蹴而就，需各方面协调配合，其中最关键的当数企业财务工作者管理理念的变革。随着人工智能技术的应用，原本由人工执行的财务会计基础工作，均由人工智能技术完成，这就决定财务工作者的任务将随之发生改变，其不再局限于简单的数据抓取与分析，转而演变为人工智能所无法取代的工作内容，因此工作难度随之加大，这对管理工作者的理论知识与实践能力提出了更高的要求。所以，一味强调企业而忽视财务工作者的会计转型是行不通的，会计工作者同样应强化自身对转型的认识。以管理会计取代财务会计，会导致会计从业者的工作负担加重，会计从业者需不断提高自身的数字化技术应用水平，这就决定了企业必须将会计从业者思想转变作为重点内容，纳入转型前期筹备工作，帮助会计人员从根本上意识到自身职能的改变，以期为企业会计的转型提供长效驱力。

（二）财务管理内容转型

第一，由会计核算到决策的转变：财务工作者在大数据信息处理与人工智能技术的共同促进下，推动自身数据抓取与分析能力的持续增强，精准定位有价值信息并实时处理，以期从数据层面为管理层分析决策奠定有力基础。建立健全财务会计转型标准，并就管理岗位与财务岗位的职责加以明确，充分发挥两部门的协同效应，推动财务部门变形。第二，人工智能技术与企业财务会计的有机结合，应切实提升企业的资源整合能力，同时带动企业数据抓取与分析能力的增强。作为企业信息处理体系的重要组成环节，人工智能的引进切实补足了企业智能数据分析体系的短板，将系统模式的建设提到更高水平。第三，建立健全部分管理与绩效评估体系，财务会计转型以财

务工作者职能转变为核心，将多元多样的绩效评价指标与评价方法纳入绩效评价体系，充分激发财务工作者的工作积极性。企业应从自身发展实际入手，为自身量身打造多维评价体系，并引进综合管理会计中平衡计分卡的有关指标，实时跟踪并客观评价财务人员的转型情况，并与奖惩体系相挂钩。

（三）财务数据系统建设

大数据时代下，数据分析与处理能力对于企业而言，有着不容取代的重要意义。企业需持续强化自身的数据整合与分析能力，从数据层面为企业的资金管理及财务决策提供依据，才能为财务会计向管理会计的转型创造条件。第一，企业应综合多方考量，搭建相应的数据收集管理框架，明确数据管理范畴及内容，从思想上意识到数据管理的核心意义。第二，尽快建立健全企业数据库，且以企业发展规模为调整企业数据库规模的决定性因素，企业应从资金层面为数据库建设提供保证，财务部门需将客观而真实的分析数据，提供给数据库，通过数据库的大数据分析比对，将分析结果反馈给企业管理者，以期为管理层的企业决策提供强有力的数据支持，在企业内打造信息共享、循环利用的局面。第三，重视企业财务管理者数据分析能力的整体提升，定期组织培训活动对企业管理者进行强化教育，帮助他们掌握最系统、最前沿的数据分析与处理方式，使其以财务数据的抓取与分析结果为依托，更好地诊断企业运作过程中所存在的问题并进行科学处理，以推动企业健康发展。

（四）财务风险防范

随着人工智能技术的高速发展，加之发展势头迅猛的大数据技术的共同作用，管理会计在企业会计中逐步占据更高的地位，尽管财务会计及管理会计均是以为企业管理决策提供客观真实且有效的数据支撑为主要目标，然而从关注重点来看，二者的差异极其显著，管理会计以会计监督作用的最大化发展为关注重点，及时掌握企业内部管理与成本控制情况，为管理会计的监控提供数据支持，绩效考核与财务评价齐头并进，能最大化发挥财务业绩考核与管理业绩考核的协同作用。采用两标准相结合的方式，精准评价各部门工作情况，可使会计工作的过程管控作用得到最大化体现。在数据库中，人工智能系统以计算机技术为依托有力保证数据的准确性，并根据相应数据制作财务报表，健全财务监管体系，以期将企业的财务风险管理能力提升到更高层次。

随着大数据时代的到来，人工智能技术与企业财务会计的有机结合已成必然之势，然而这并不表明财务工作者及财务会计工作将退出历史舞台。企业财务工作者应从理论、实践等层面持续强化自身实力，不断提高自身综合素养、强化时代性，以顺应人工智能的时代发展形势，以期在企业发展中久居不败之地。企业应从自身实际出发，科学引进与自身财务发展相契合的人工智能产品，进而为企业财务发展提供保障。

第二节 人工智能化对财务会计工作的影响

人工智能是一门新兴科学，正在悄悄崛起，它研究和开发理论、模拟、技术、方法和应用系统，用以扩展人类智能。计算机技术领域的一个重要分支就是人工智能，人类智力所做出的反应与它的反应类似。它的研究范围包括专家系统、自然语言处理、图像识别、语音识别和机器人。它在理论和技术上都变得规范化且越来越成熟，其应用领域越来越广泛，已逐渐扩展到会计行业。人工智能不仅能够模拟人类意识，而且能够模拟人类思想。人工智能并不简单是人类的智能，但神奇的是它不仅能够像人类一样去思索各种问题，还会比人类聪明万分。

人工智能是一门让人类想去挑战的科学。它可分为以下两部分，第一部分是"人"，第二部分是"智能"。人工"人工制度、易懂和无争议"是人工制度的常识。关于智力是什么还有更多的问题，包括意识、自我和心灵。人类所研究的智能只不过是自己的智能，但人们对自己智能的理解是如此有限，很难定义什么是"人工智能"。

自20世纪70年代人工智能问世以来，它就始终被认为是世界上遥遥领先的三大技术之一，同时也是21世纪以来最尖端的三大技术之一。

一、会计人工智能的发展及应用现状

随着科学技术无比迅猛的发展，尤其当下信息时代，它与人工智能的联系越来越紧密。由于人工智能技术的不断成熟和蓬勃发展，其研究范围和应用范围将会越来越广泛，包括会计在内。

如果在经济中使用人工智能的经济得不到科学技术的支持，科学技术就无法发展。虽然经济创造了一定程度的科学技术，但原始人工智能并没有在经济上得到应用和发展。

目前，人工智能已经在教育行业得到广泛的应用。国家发展的关键问题涵盖了交流沟通和教育。促进教育发展和国与国之间的有效的智能交流是教育的必要因素之一。智能教育的可持续发展无疑能够促进国家、学生、教师和家长之间的密切交流。

人工智能的蓬勃发展分为以下四个阶段。第一个重要阶段就是计算机智能（1956—1980）。人工智能已经在语言处理上和解决问题上取得很大的进展，可是由于机器翻译的最终失败和消解法推理能力遇到了困难，政府和投资人开始对人工智能的发展失去信心，人们开始对人工智能的发展产生怀疑，因此投资人减少资金的投入，资金开始急剧减少，人工智能的发展经历了第一个寒冬。第二个阶段是认知语言能力（1980—1993）。人工智能研究体系诞生于20世纪80年代，它的商业价值逐渐被大众认可。第三个阶段是人工智能（1993—2016）。随着现代科学技术的飞速发展、硬件成本的不断降低、数据的不断收集和技术的不断成熟，人工智能开始了一个爆炸性的时期。很多人工智能产品如雨后春笋般蓬勃发展。第四个阶段（2016年至今），IBM率先推动了创新的第一波浪潮，尤其在商业化乃至全球人工智能核心业务方面，特别是在李世石反击新闻报道后，阿尔法价格逐渐走高，很多人开始探索人工智能领域，越来越多的公司开始进入人工智能行业，自然语言技术、深海算法、人们耳熟能详的词汇，如神经网络和人工智能等产品和服务正逐渐渗透到人们的生活中。

二、人工智能对企业财务会计工作的影响

（一）人工智能的积极作用

在人工智能的科技时代，人们将利用会计智能软件完成许多复杂的工作，大大提高生产效率，大幅度减少工作上的失误，极大地提高了企业核心竞争力，这将有助于促进会计行业的转型。一些小企业在传统会计岗位上，不相容的岗位并没有真正分开，财务人员不仅管理资金和账目、财务会计账目混乱，为财务造假和不法分子谋取私利创造了虚假机会。而且在人工智能环境下，大部分会计工作都是由计算机完成的，会计人员只需对其进行审核。循环结束时，系统将自动平衡测试。人工智能在一定程度上大大降低了财务作假的可能性。

在传统会计岗位上，报表的形成、账簿的登记及凭证的生成，严重依赖会计人员认真负责的校对。这很容易出错，导致会计信息丢失或错误。如果企业利用会计软件进行会计核算校准，无疑会大大减少工作上的差错，会大幅度提高会计信息质量。

（二）人工智能的潜在危险和对会计行业的冲击

人工智能的安全性还不足，这可能会导致人工智能中核心数据被盗，甚至会致使企业重大机密或私密数据的完全泄露，结果是难以想象的。人工智能也有不可控性，例如，程序突然出现错误，或者程序可能莫名其妙地失败，这无疑增大了数据丢失的可能性。另外，人工智能的不可控性取决于科学技术的快速发展。在未来，可能会出现自主、强大的人工智能，能够自主学习、重新编程和处理代码，并可能承担一定的风险。从社会角度来看，存在过度依赖人工智能的风险，这可能会破坏财务会计领域的学术研究和基础理论探索。中国的人工智能相比其他国家较为开放。时至今日，法律更新的范围远远达不到会计人工智能的发展速度。人工智能得到便利的同时，也毫无疑问地会产生一些不可避免的法律风险。

人工智能金融机器人将财务会计与人工智能相结合，它可以在极短时间内既准确又快速地完成基础工作，哪怕是传统工作中耗费大量人力、物力的工作。因此，许多基本的会计工作将被取消，如基础会计、费用往来会计和核算会计。会计市场已经趋

于饱和状态，市场需求远远小于会计供给，资格证书不再是"香饽饽"。

三、企业财务会计工作应对人工智能的措施

（一）高校会计教育实用性变革

随着人工智能在生产和日常生活中越来越普遍，这无疑将是会计领域千载难逢的机遇。毫无疑问，这将会是一个巨大的难题。对于会计人员来说，高校会计实务改革就必须首先转变人才培育目标。过去会计往往提供信息，所以学校的教学大多集中在"会计"培训上。在当今时代发展模式的重要基础上，管理职能地位得以显著提高，尤其在会计职能中的战略地位，由以往的显示价值到现在的创造价值，这无疑是会计工作主要职能的重大变化。因此，高校更应该审时度势，去顺应时代的呼声和需要。他们不仅要掌握学生的专业知识，还要提升管理和数据分析能力。二是增加管理会计培训相关内容。增设对应实用课程，这样方能使人才培养质量得以提高。高校还应充分利用资源，增设成本控制、绩效考核等一系列管理会计专项课程，努力向管理会计方向、向社会培养人才，充分利用每个学生创造价值的无限潜力。三是让人工智能进入大学课堂，不断增加一些实践课程。在当前时代浪潮下，每一个行业的新发展都需要紧密依靠新技术、新技能和新知识。把人工智能带到大学课堂，给让学生得到实际体验。会计的智力操纵主要是开拓学生的创造性思维，让他们学会用智能解决相关问题。

（二）会计从业人员需求特质的转变

在人工智能的浪潮中，作为金融工作者，我们不仅应该看到财务职能带来的效率和便利，还应该认识到人工智能给会计行业带来的挑战和机遇。挑战是大量基础工作的转移以及大量基础工人面临的失业危机。机会是抓住这一变化，努力提高自己的价值，加速自己的升级和转型，顺应时代潮流，了解管理会计的重要性，学习管理知识，并成为企业价值的创造者、社会不可或缺的人才。它就像一把双刃剑，是各有千秋，各有优缺点的。特别是在会计行业中，尽管会计和企业会计取代了大量职位，但是在基于现有数据和整体环境进行预测和决策的工作中，人们仍然需要做出合理的判断。因此，我们必须牢牢抓住千载难逢的机遇，正确科学地规划我们的职业生涯，积极转变成管理和复合型人才。

（三）对传统思维观念进行转变或创新

在当今时代，会计是一个令人望而生畏的行业，它的替代性很强。随着科学技术的飞速发展，人工智能在各行各业表现出越发流行的趋势，一些会计人员特别容易被人工智能所顶替。因此，大多数低端会计人才都应该将眼光放在未来，所以提升自身能力是基础，并努力在会计行业中占据一席之地。作为一名优秀的会计人员，如果仅

拥有少量会计知识且不去更新是肯定不够的。我们需要全面提高自身综合能力，积极学习审计、税法、战略等方面的精妙知识，提高自身的数据分析能力，成为综合型高端会计人才，实现手工工作与会计软件工作的结合，最大限度地提高工作效率，提高应用专业知识的能力，成为不可或缺的人才。

（四）增强安全意识，确保财务信息安全

随着人工智能的兴起，与之相伴的信息安全问题也已来临，信息安全问题进入人们的视野，受到人们的广泛关注，财务管理方面作为一个单位最核心的业务，安全问题更是不容小觑。在系统安全方面，财务机器人运行主要是根据训练模型，通过 AI 算法程序运行来对数据进行处理和分析。在此过程中，如果出现外部人员非法入侵其中任何一项对其进行改写，都将会对企业造成重大经济损失，做好数据采集、存储、传输、共享、使用、销毁等步骤确保重要数据的安全性，避免数据被非法访问者通过抓取、破坏、修改、损毁等手段造成会计行业混乱，这也是目前互联网时代和人工智能时代一直需要直面的问题。人工智能应用于会计领域，虽然能带来效率的提升，但它所带来的风险也是不能忽视的。网络的安全建设工作是重中之重，现阶段我国遗留很多未能解决的网络安全隐患。这需要企业能够定期升级和改善自己的系统，而会计师则需掌握吸收更多的网络知识，以便可以应对挑战，这样就会不断减少由网络所导致的系统漏洞甚至信息泄露。

（五）改变思维模式，树立终身学习目标

人工智能的发展无疑会对会计人员提出更加严格乃至严苛的要求。对于会计从业人员来说，以往的工作学习内容已经远远不能满足当前会计工作的要求，尤其在人工智能技术的广泛应用中，极难满足各种要求。因此，对于那些未曾被时代淘汰的相关人士，必须树立一个重要理念，那就是终身学习。在会计工作中，应该能看出人工智能技术的发展带来的生存危机。不断学习实践，更加严格鞭策自己，提高自身综合素质，更新自己的知识，更融洽地适应人工智能技术，跟上它蓬勃发展的脚步。在日常工作中，会计从业人员只要加强对人工智能的深入研究和新业务在会计领域中的应用研究，充分理解并掌握会计行业的新兴模式，懂得管理的基础理论和电子信息的相关技术，那么就一定会提高基于会计的强有力的竞争力。

人工智能的迅猛发展无疑是科学技术突飞猛进的体现，它是当今时代进步的必然，人工智能的不断创新将为会计领域带来深远的影响，涵盖了再造会计核算流程，这将会大幅度减少会计信息的失误和失真，大大提升会计的工作效率，有助于推动会计职业架构的成功转型。人工智能必然会为会计行业带来好处，但是我们更要提防人工智能所呈现的新风险和新挑战。如果要人工智能技术服务于会计领域，对于公司层面，一定要树立正确的价值走向，这样方可推进人工智能在会计领域发挥重要作用。不得

不说，人工智能的迅猛发展带来的是机遇，但是也有激烈的挑战，因此人工智能对会计领域产生的深远影响还有它在会计工作中所产生的作用，我们一定要一分为二地看待。对于人工智能技术日复一日地迅速进步，我们会计工作人员应当积极看待，严于律己，不断地去提升自己的素质，积极去融入新环境，坚持终身学习的理念，去汲取新的科学知识和技能，这样方能游刃有余地去应对工作中的各种棘手问题。

经济的迅速发展和社会的进步深受人工智能发展的影响，财务人员应依据当今形势迎接严峻的挑战，酌情审视，及时了解、及时关注人工智能对财会带来的深远影响和挑战，应深入研究如何熟练有效地操控人工智能，成为人工智能的使用者而不是被它所代替，使自己成为高端复合型人才、企业战略的决策者和制定者。管理会计是对财务会计工作的一种伟大超越，管理会计更倾向于对经济活动的控制和规划，帮助管理者做出正确决策，是会计行业将来的必然常态。在人工智能的迅猛发展下，管理会计必然会和人工智能协调发展，尤其在企业的未来规划、控制及决策等方面的作用将日益凸显出来。

第三节　财务智能化趋势下会计人才培养

以财务共享中心为代表的各类财务智能模式已经在我国企业中得到广泛运用。中兴新云 SSC 数据库显示，截止到 2021 年年初，我国境内的共享服务中心已经超过了 1000 家，其中华为、中兴、中建等企业均实现了财务智能化。我国政府也一直在持续关注并不断推动会计智能化的大力发展，2021 年 12 月财政部印发的《会计信息化发展规划（2021—2025）》指出，要深入推动单位业财融合和会计职能拓展，加快推进单位会计工作数字化转型，完善会计人员信息化能力框架，创新会计信息化人才培养方式，打造懂会计、懂业务、懂信息技术的复合型会计信息化人才队伍。然而，会计人才的培养却严重滞后于财务智能化的发展速度，不少院校因专业师资和基础设施配置不完善等原因，仍沿用原有培养方案，致使多数会计学专业学生毕业后难以适应社会需求，导致人力资本市场呈现会计人才供需错配局面，在一定程度上阻碍了社会经济的数字化转型。

针对以上情况，学者们已经有了一定的研究。程瑶聚焦财务智能中的新兴技术"互联网＋"，探索"互联网＋"环境中会计本科教育的顶层设计，她认为高校应当从建设网络基础设施、优化教育管理系统设计、改善会计学专业课程与教学三个层面出发，完善会计本科教育的顶层设计。唐大鹏、王伯伦等侧重描写了数智时代会计教育的供给侧改革途径，提出了深入推进校企合作创新、加强师资队伍建设创新、推进学科交叉融合创新、重构会计课程体系创新、探索会计教学方式创新、加强智能教育平台创新等举措。而舒伟、曹健等则是基于"新时代高教四十条",对处于数字经济时代中的本科会计教育改革提出了实施路径。

国内学者较多地从会计教育供给侧方面讨论了财务智能化环境下我国会计教育改革,提出了丰富与深刻的见解。较少有学者深入地从会计人才培养需求侧出发,探讨财务智能化背景下我国会计人才的角色定位,分析财务智能化环境下我国会计人才的能力适配,进而探索我国会计人才培养的改革。因此,本书将从财务智能化趋势入手,针对会计人员在工作中四种角色的内在需求,提出与之相适应的会计人员应具备的能力,进而提出会计人才能力重构的路径,以培养复合型多元化高端会计人才。

一、财务智能化趋势下我国会计人才的角色转型

当前市场经济活动中,会计人员扮演着举足轻重的角色,其职责包括客观公允地计量、记录、反映企业资金运动,为利益相关者做出决策提供有价值的信息。国内外相关研究报告如 IMA(美国管理会计师协会:The Institute of Management Accountants)、ACCA(特许公认会计师公会:The Association of Chartered Certified Accountants)的研究表明,未来财会行业的黄金发展机遇已经凸显,这些黄金机会代表着新兴的职业机遇。同时,随着企业创新变革、新商业模式的不断演进以及技术的飞速进步,财会行业的职业道路也变得更加多样化,会计人员既可以据此进一步拓宽传统财会职业道路,也可以尝试跨领域开辟新职业道路,进而重新定义其职业生涯。因此,本书依据以上报告中关于未来会计人员在财务中扮演的角色描述,并且结合当前高校会计人才培养目标,将会计人员未来的角色定义为职业道德践行者、数智技术实践者、业财融合引领者、企业转型推动者。

(一)职业道德践行者

会计人员的职业特殊性使得其能够直接接触企业资金并进行财务处理,进而把控企业经济命脉。面对财务智能环境的全新挑战,会计人员更应坚持企业会计职业合规准则。例如,会计人员在处理数据时必须时刻坚守职业道德底线,充分考虑不同数据的获取来源、处理流程、报送机制等是否处于合规监管之下,是否存在违规处理数据的情况,针对数据处理各环节是否存在外借指令文件等。作为职业道德的践行者,会计人员在未来学习中,还应深入分析资本市场中违背合规性的案例,挖掘深层次潜在的舞弊机制,并结合企业实际情况,防患于未然,进而对外界不断变化的环境时刻保持清晰认识与敏锐洞察力。

(二)数智技术实践者

随着财务智能化趋势的进一步扩大,会计人员会面临越来越多的半结构化数据与非结构化数据。因此,在业务层面上会计人员扮演着数智技术实践者的角色,利用新

兴技术和分析工具从海量数据中发现问题，助力企业完善业务流程并健全财务管理机制。同时，作为数智技术的实践者，会计人员应积极支持企业不断积累各类数据集，将财务团队转变为企业的数据分析巨头，挖掘对企业有价值的信息，对不同的业务动态和场景进行财务建模，做出具有前瞻性的有效分析，以探索新的商业模式、新的入市渠道、进行新投资的商业论证，进而助力企业短期创造竞争优势和长期持久发展。

（三）业财融合引领者

在财务智能化趋势下，传统的会计核算逐渐向业务渗透。传统会计核算中会计人员处理公司业务多为事后核算，意味着相关业务完成后再由财务人员核算出财务数据，如收入、成本、利润等基本信息，最后将此类财务信息报送利益相关者。而智能时代会计人员应担当业财融合引领者，不再拘泥于事后获取业务数据，不再局限于会计准则的要求，而是应将眼界扩展至产业链的上下游，放眼于竞争对手信息、行业发展趋势、市场政策导向等。会计人员还应通过智能软件操作第一时间追踪企业业务办理流程，实时监测企业上下游产业链的数据信息，主动融入业务经营中，做到全流程、全场景、全周期地把握业务，进而保证会计人员能够"用业务故事讲解财务报告"。

（四）企业转型推动者

企业转型推动者作为组织变革的架构设计师，需要推动企业未来发展战略制定、重大的改革方案、财务运营转型等。由于财务智能化带来的颠覆性变化，新运营模式、新产品与服务、新平台经济等越发影响企业的发展与转型。基于此，会计人员应切实转变为企业值得信赖的"顾问"，对数字经济的敏锐力促使其能够全面了解企业外部的政策、经济、社会环境，并结合企业实际情况提供更为广泛的管理服务，为企业转型改革提供可行的建议与对策。

二、财务智能化趋势下我国会计人才的能力适配

当前，高校向社会输送的多数会计人才的能力水平并不能达到数智时代企业的实际所需，由此出现了供需不匹配的情况。部分高校在会计人才培养中过分注重学生基础知识能力培养，而较少从企业实际需求出发去探索会计人才培养模式，进而导致目前的会计人才无法满足财务智能化趋势下的会计职业要求。基于当下会计人才职业能力短板，本书将从复合专业实操能力、数智技术应用能力、综合素质拓展能力三个角度剖析财务智能化趋势下会计人员为满足未来角色定义应当具备的能力。

（一）复合专业实操能力的培养

多学科交叉运用能力。新兴的人工智能技术大体上已经可以替代会计人员从事的机械性、烦琐性账务操作，会计凭证、财务报表的一键录入与自动生产也已成为现实。

这促使会计人员进一步向高端会计人员发展，而高端会计人员应储备多类学科理论知识，如法学、经济学、管理学、计算机、外语等。多学科交叉的背景知识有助于会计人员提升自身在企业中的价值，摆脱传统单一角色，多角度为企业做出战略性决策，促进企业财务战略变革。比如，企业遇到在不同法律环境下的交易，多学科背景知识能够保证企业在交易过程中合理避开由于政策法规制度不同而带来的损失，保证企业跨国交易的可行性与合规性。

同时，会计人员也应注意到会计与财务专业技能是会计人员的基础核心能力，是实务操作中应具备的基本能力。面对财务智能化趋势，扎实的财务会计实务水平是指导一切工作的前提。一切新兴技术能力的运用最终将会落脚于会计学专业知识，没有专业知识储备作为账务处理的基础，再先进的技术也同样难以发挥其作用。因此，会计人员应当重视对专业知识的查漏补缺，深入学习财政部等政府部门出台的最新政策及其解释，掌握会计实务操作中的业务处理方法。

职业判断能力。当前处于信息大爆炸时代，智能化技术的运用需要会计人员具有更强的职业判断能力。例如，区块链技术在财务领域中的应用打破了过去的会计记账模式，从一个主体集中式记账模式到多个主体分布式记账模式，参与记账的各方通过同步协调机制保证了多个主体之间数据的一致性，规避了复杂的多方对账过程。但在这一过程中，由于不同方的入账均会显示在自己的账簿上，因此该过程就需要会计人员具有准确的职业判断能力，即判断该笔业务是否符合本企业会计处理的规范。面对财务智能化趋势下的企业风险管理，会计人员要树立批判性思维，不能一味地依赖财务智能化机器人的使用，而是应当以会计学专业思维为基础，从专业角度进行深度思考，对可能存在的风险点进行把控，合理运用职业判断，从而有效地规避企业风险。

（二）数智技术应用能力的塑造

上海国家会计学院会计信息调查中心颁布的《2021 年影响中国会计人员的十大信息技术评选报告》明确表明了当前信息技术对财会行业的冲击，财务云、电子发票、会计大数据技术与处理技术等已深深影响到会计工作，并对会计人员提出了新的要求。财务智能化时代，除了基本的知识技能与软实力，数智技术应用能力也已经成为会计人员作为数智技术实践者的必备能力，其并非简单地运用 Excel 等基础软件操作数据，而是指需要更多地运用 Stata、SPSS、Eview 等前沿数据处理软件进行数据挖掘、筛选、宏微观分析及处理的能力。尤其在数据清洗过程中，会计人员应通过熟练操作新兴数据分析工具，摆脱传统头脑风暴抉择模式，更多地通过数据助力企业进行决策与管理，通过数智技术应用结合具体业务场景与商业模式，提高财务部门核心效率，更精确地预测未来发展走向，进而为企业发展提供更具专业性的建议。

（三）综合素质拓展能力的提升

基本职业道德。良好的基本职业道德是从事会计工作的基础，也为会计人员的发展与成长指引方向。在财务智能化趋势下，会计人员更应将工作置于职业道德范围内，保证企业经济活动合法高效运行。ACCA（特许公认会计师公会：The Association of Chartered Certified Accountants）报告《AI可持续发展中的职业道德：联通AI与ESG》提到，会计人员在运用人工智能技术时应当遵守其应用的监管要求，判断是否符合本企业智能技术道德规范。从整体上来说，在瞬息万变、竞争激烈的市场中，会计人员应确保数据处理、风险管理符合商业伦理的规范，保持客观性与保密性。具体到企业账务处理的各个环节中，每一位会计人员应以合规方式处理业务数据，公允地反映业务数据，保障利益相关者的基本权益。此外，职业道德作为会计行业底线，能够约束会计人员，提高其违法违规成本，以此降低个人腐败风险的发生，进而为会计人员的长期发展提供保障。

沟通协调能力。在财务智能化时代，会计人员的沟通能力贯穿整个会计流程，包括企业内外各方面间的沟通协调。在企业内部，一方面，会计人员需要与其他职能部门保持沟通。一个企业的财务中心不仅仅有财务部门，更多的是需要与企业经营直接相关的部门互相配合，如采购部门、生产部门、销售部门等，财务中心的数据也同样来源于这些职能部门的经济活动。在智能财务环境下，会计人员利用良好的沟通能力能够与其他部门迅速建立信息对称机制，保证数据处理流程的一致性与连贯性。另一方面，会计人员还需要与管理层进行沟通，这个层面上的信息传递更需要保障高效率与高质量。因此，现代会计人员拥有良好沟通协调能力是必不可少的。

在会计人员与企业外部的沟通中，更多的是需要与外部监管者沟通，如税务局与会计师事务所。在财务智能化的背景下，企业已经能一步实现网上报税，体验一站式税务服务。在面对税务局的税务稽查时，良好的沟通能力能够使会计人员清晰明了地阐述企业现行的电子纳税机制、税务申报流程、减税适用政策等。此外，在与会计师事务所进行沟通时，拥有良好沟通能力的会计人员能够简明扼要地对公司产品服务特色、业务模式、业务流程、内部管理（结算体系）、采购管理等做出必要介绍，以方便审计单位对企业内部环境有更进一步的了解，有利于审计工作的全面开展。

创新领导力。随着智能财务的进一步发展，会计人员的创新领导力应不再局限于具体业务，而应立足于财务部门，布局整个企业，放眼于与企业目标相一致的清晰数据视角。企业数智化转型过程中的财务转型并非孤立展开，会计人员需要根据外界环境变化对财务战略做出相应调整，并与其他职能部门统筹规划，以稳健高效的流程来评估企业绩效，调动财务部门与相关业务部门合作的积极性，进而推动整个企业的数智化转型。

三、财务智能化趋势下我国会计人才培养改革的对策

在智能财务不断取代传统会计的新趋势下，传统的会计人才培养体系在契合高速发展的财务智能化进程中，难以满足诸如上文所提到的复合专业实操能力、数智技术应用能力以及综合素质拓展能力要求。目前，我国会计人才培养从整个市场范围来看，包括中职、大专、高校本科、高校硕士研究生、社会培训以及会计人员在职后续教育等不同的培养对象及层次，其中中职与大专会计学生培养和高端财务智能发展联系不够紧密，培养目标更侧重于前沿理论研究的会计学术型硕士和会计学博士与企业运营实操需求差异较大。因此，本书拟重点研究会计人才高校教育中的会计本科与会计专硕教育、会计人员在职后续教育层面在财务智能化趋势下会计人才培养改革的对策，其中会计本科与会计专硕教育在总体培养目标、培养途径、教育资源等方面具备较多的相似性。

（一）会计高校教育

本书研究的会计高校教育包括会计本科教育以及会计专业硕士教育。高校是连接学习与工作的最后一道桥梁，会计人才想要达到财务智能化趋势下企业需求的各项能力要求，就要经历高校的理论学习与专业实践。唯有通过高校成体系的教育培养，才能满足社会对智能财务背景下新型会计人才的需求。高校必须从内部资源优化、教学质量保障、学生素质拓展及外部多方助力四个方面进行改革，以培养适应市场需求的财务智能化会计人才。

1.内部资源优化

（1）培养模式多元。过去传统会计教育重在关注会计学单一学科的发展，而在多元化复合型人才培养目标下，高校应积极探索社会实际所需的会计人才多元化培养模式发展道路。在财务智能化趋势下，高校的培养模式应当做出革新，在传统单一会计学的基础上，进一步引入 ACCA（特许公认会计师公会：The Association of Chartered Certified Accountants）方向、CPA（注册会计师：Certified Practising Accountant）方向、CIMA（英国特许管理会计师公会：The Chartered Institute of Management Accountants）方向、智能会计方向、"E+"会计双专业等培养模式，根据不同培养模式差异化培养复合型高端会计人才。例如，ACCA方向学生通过学习相关课程，能够较深入地掌握国际会计准则内容，进而在会计准则国际趋同的环境下，赢得跨国企业的青睐；智能会计方向则侧重于将数据处理技术融入相关会计课程中，努力培养具有高水平数据筛选、处理能力的人才，为企业财务智能化决策提供支持。

（2）物质资源完善。在财务智能化趋势下会计人才的培养更需要相应的物质资源完善，所谓物质资源，具体包括智慧教室、财务共享实训室等。首先，过去仅仅利用

投影仪的多媒体教学已经难以让学生直接获得贴合企业实践的知识内容。为达到提升会计人才实操能力的需求，高校应当引进人工智能会计场景教学、混合学习、信息化技能学习以及人机交互学习的实验室，加大在智能设施上的投入力度，确保智能教学设施可以达到预期的教学要求。其次，在会计人才培养资本投入等方面，高校应与具有强大研发创新能力、技术资本雄厚的科研院所及企业进行深度合作，依托企业实际工作场所，聚焦财务智能新时代背景下的会计处理方法，以培养学生的会计职业判断能力及更进一步的创新领导力。

（3）师资团队强化。会计人才培养不仅仅需要学生自身付出努力，高校师资团队作为会计人才培养的具体实施者，其作用同样不容忽视。然而，目前我国会计教育的师资力量面临着中老年教师富有教学经验但缺乏前沿新兴数智技术知识，年轻教师富有前沿数智技术知识却缺乏教学经验的局面，导致师资力量难以满足目前会计人才培养的实际所需。因此，缺乏前沿数智技术知识的中老年教师需要了解新兴业务、及时转变观念。具体措施上，高校可轮岗派遣教师前往企业财务共享中心、财务信息化部门加强学习，确保教师能够在一定程度上掌握新时代财务智能化会计技能，后续再由教师自主选择以何种方式创新教学模式。对于缺乏教学经验的年轻教师而言，学院可以采取一定期限内的"师徒制"模式，如教学经验丰富的教师通过传授自身经验，加强年轻教师对课堂教学的整体把握，从而提升他们的课堂教学质量。

（4）课程体系改建。我国高校会计人才培养的核心专业课程体系长期处于相对稳定的状态，多数课程名称、课程内容甚至于授课教师多年来基本未发生较大变化。课程传授内容难以紧跟社会经济环境变化，这种"不变"看似稳固了教学质量，但相较于时代需求的不断发展，实质上是"不进则退"，使课程设置经常成为学生以及企业HR所诟病的对象，在根本上无法满足财务智能化趋势下会计行业的实际需求。

当前，高校会计人才培养不能再完全沿袭过去的课程体系、具体理论课程的开设，要避免培养大量能力平均、同质化严重的核算型会计人才。根据 ACCA（特许公认会计师公会：The Association of Chartered Certified Accountants）方向、CPA（注册会计师：Certified Practising Accountant）方向、CIMA（英国特许管理会计师公会：The Chartered Institute of Management Accountants）方向、智能会计方向、"E+"会计双专业等各类培养模式，应有目的性地设计特定课程，满足不同学生发展方向的需求。此外，通识理论课程应当受到更多关注。在过去的会计人才培养体系中，课程设置往往强调专业技能的重要性，而忽视会计职业道德的必要性。很多高校的职业道德课程开课数量少，甚至不开设会计职业道德理论课，这明显有悖于社会发展的需求。因此，现代会计人才培养应当进一步提升对会计职业道德教育的重视。高校还需要认识到新趋势下会计人才培养中对学生的思想教育始终不可放松，使学生树立正确的价值观是教学的关键内容之一。高校需要将"思政课堂"进一步推广，使得思想政治类理论课程始终与专业课程并行发展、相辅相成。

（5）课堂教学创新。在满足基本教学条件后，高校同样应当围绕实施的教学内容，辅以高效的教学方法，为学生呈现高质量的课堂教学。在教学方式上，"互联网＋"技术改变了教师的传统教学，高校教师应当脱离"填鸭式"教学，利用互联网，实现教学资源整合，让学生成为课堂教学的主角。在授课过程中，教师可以通过文字材料、案例、视频等媒体资源，采用分析讨论等更为直观的教学方式，提升学生主动参与学习的积极性。通过自主参与的模式更高效地提升学生自身综合素质能力，培养学生正确的价值观以及会计职业判断能力。同时，相互合作讨论乃至辩论可进一步强化学生的沟通协调能力。例如，高校教师在课堂中引入云课堂、优学院、慕课等新模式，提升学生数字化与网络化思维。在此基础上，线上教学不仅可以更好地剖析传统黑板教学难以深入研究的经典案例，而且能更为便捷地提供前沿智能财务知识。线上教学主要是对交互式教学方式的具体落实，提高学生对课上所学内容的综合运用能力、表达能力与交流沟通能力。同时，教师应利用互联网提升课堂教学的趣味性，例如，结合当前财会领域热点议题，让学生通过小组形式利用数据化信息检索手段，搜集相关的案例或交叉学科信息，并最终通过学生讲解的形式达到教育的目的，在保障教学质量的同时还能增强学生对会计相关领域的兴趣，让枯燥的会计理论学习不再拘泥于文字，使课堂教学因创新的教学方法而更生动活泼。

2. 教学质量保障

（1）学生学习考评。在对学生的考核评价上，高校需制定覆盖日常教学过程中各个关键环节的质量标准和规范，具体包括线下和线上课堂规范、实习实践报告规范以及毕业论文（设计）规范等。在日常考核中，高校可以在现有普遍的"平时成绩＋考试成绩"模式上更加细分，从"线上＋线下"双层级对学生的表现进行测评考核，并且通过各类统计软件以及计算机技术进一步合理规范管理日常教学中的各类考核环节；同时，可以根据专业培养的不同方向和课程中的不同侧重点设计多样化的评价指标，拓展构建多维度评价模式，并合理分配参考权重，使得学生成绩考评结果更加全面、综合以及合理。

（2）教师教学监督。高校应当建立相应的教学督导委员会、组织机构以及相关各类岗位，确保能够形成流程完善、职责清晰的质量保障组织体系，定期对教师的教学方法、教学内容进行监督。尤其在立德树人的理念下，旨在回答培养什么样的人才、如何培养人才等，高校还应加强对教师专业道德素养的考评。在会计教育中，高校应当将思政专业课程纳入考评体系，建立具有中国特色的会计教师考评机制，衡量教师是否在专业课堂上结合了中国特色社会主义基本思想，引导教师在课程中重视对学生价值观、世界观、人生观的培养。

3.学生素质拓展

（1）"高四商"的培养。在财务智能化趋势下培养高素质的会计人才要着眼于学生"高四商"的素质拓展培养。高四商即为高智商、高情商、高数商、高德商。此处的高智商并不是指受先天条件所限的智力水平，而是指会计人才在面对繁杂的账务处理业务时的高水平职业判断能力。同样地，情商也不是广义上个人层面的人际交往能力，更多的是侧重于会计人才对于部门内外甚至企业内外的沟通协调能力。此外，高校还应当注重对会计学生高数商与高德商的培养。高数商即为对数智技术的灵活运用，在财务智能化趋势下，会计专业学生走上工作岗位后会面临多种类型的数据，面对各类财务数据与非财务数据间的钩稽关系，高数商能够帮助其迅速透过数据看清业务本质。因此，在会计人才培养中，高校应打通数智与财务的隔阂，积极探索智能财务系列课程教学。高德商则是应具备良好的会计职业道德，从传统会计人才教育到财务智能化高素质人才培养，倡导学生坚守会计职业道德，使学生明白这一坚守从未改变甚至变得更为重要。高德商的培养应当将职业道德融入高校教师日常教学中，通过正面引导教学或案例教学，规范会计学生未来的职业行为。

（2）专业文化建设。会计专业学生素质培养还可以通过会计专业文化建设来实现。会计专业文化建设旨在内部营造良好的专业氛围，可以通过打造"第二课堂"提升学生对会计专业的认可度。第二课堂是一种从学生的自身需求角度出发，加强课外管理育人、服务育人，推动自主学习、合作学习，注重专业引领和榜样示范，以形成浓厚的"比学赶帮超"会计专业文化。具体而言，第二课堂的形式包括：一是全程导师制，贴合实际情况引导学生职业发展；二是开设财经大咖沙龙，通过成功人士的亲身经历引领学生职业发展路径；三是建立专业公众号，定期推送优秀榜样点燃学生内动力等。第二课堂可通过社会科学中如法学、社会学、经济学乃至传播学等不同于管理学却又与会计这一管理类学科息息相关的其他学科入手，拓展学生视角，提升学生多学科交叉运用的能力。此外，高校更要注重不同年级阶段学生的不同需求，做到课程开设有目的性、时间选择灵活性，切不可忽视学生的兴趣，把任务化、格式化的教学内容强加于学生，避免灌溉式教育的情况发生，要使其真正成为有价值且更有活力的教学课堂。

4.外部多方助力

（1）专业标准制定。国家教育部门需要切实为会计人才培养的重构提供政策辅助，及时修订和完善《工商管理类教学质量国家标准（会计学专业）》（以下简称《标准》）为高校的会计人才培养起引导作用。在2018年，教育部发布的《标准》对高校会计学人才培养提出了基本要求，成为目前会计学本科专业设置、指导专业建设以及评价专业教学质量的基本依据。然而，在这一版的《标准》中并没有充分反映智能财务时代下的会计人才培养。新形态、新时代的专业准则应当立足于会计行业的未来，特别是要根据数字经济时代对会计人员能力的要求，基于人才的全面发展，坚持立德树人原则来修订和完善。因此，本书建议教育部门在修订和完善《标准》时要以培养综合素质为基础，从而满足数字经济时代社会和企业对会计人员能力上的新需求。

（2）教育理论创新。学术界需要提升高校会计教育理论研究的广度与深度。进一步从国外优秀高校会计人才培养模式中汲取经验，并结合我国实际国情，创建具有中国特色、适应我国社会发展的会计人才培养体系。我国作为一个尚处于发展中的大国，在会计教育的理论研究上起步较晚，在发展过程中遇到的问题不仅带有历史发展的特征，还具有自身的独特性。因此，学习和借鉴其他国家和地区的会计人才培养经验，是我国创造性地解决目前会计人才供需错配问题的重要手段之一。

（3）"政产学研"协同。高校应当积极实践"政产学研"协同。2019年2月由中共中央、国务院印发的《中国教育现代化2035》提出了推进教育现代化的八大基本理念，包括更加注重融合发展、更加注重共建共享等，并要求各地区各部门结合实际，认真贯彻落实。其中，"政产学研"的协同发展对现今高校的教学资源配置发挥着举足轻重的作用，具体而言，政府应在产学研三方中发挥纽带作用。一方面，对财务智能化趋势下会计人才标准进行重塑。另一方面，通过政策法规上的支持，为高校、企业乃至科研院所提供可交流的信息资源和经济支持，高校可以通过"产教融合、校企合作"这一途径，积极与企业合作产学研究项目，共建实践基地；科研院所可进一步强化与高校的合作，共研领先技术、共建学科专业，真正做到将研究成果转换为实践应用。

打造共商人才需求、共享优势资源、共研领先技术、共建学科专业、共管人才培养的"政产学研"协同育人模式，以社会实际需求为导向，最终达成有针对性地培养具有广阔视野、扎实技能的多元化复合型高端会计人才的目标。

（二）会计在职教育

会计人员在职继续教育是强化企业会计存量人才、保证新环境企业经济活动高效运行的关键环节。2018年，财政部、人力资源社会保障部印发了《会计专业技术人员继续教育规定》，提出要培养懂经济业务、智能数字技术的高水平会计人才。社会中的会计人员往往难以通过脱产的方式完成在校教育，因此相关后续教育机构应当根据会计人员面临的具体环境加强继续教育培训，并通过线上线下不定期开展相关理论后续培训、新兴技术教学、实践经验交流，来实现从业会计人员的后续教育，避免会计与智能财务时代脱节。

1.相关理论后续培训

（1）交互教材编写。在相关理论后续培训中，会计在职教育应当重视对于教材内容的选择，应区别于在校学生教材。理论教材编写应在已有的基础会计理论教材的基础上，结合财务智能化发展趋势下会计行业的变化，将人工智能、"互联网+"、大数据相关理论结合会计、审计、财务管理，新编案例型交互式教材。交互式教材不仅要继续强化对会计与财务专业基础技能的学习，更要引入财务智能时代背景下符合现代企业发展实际需求的相关数字化理论，以此进一步充实、完善会计人才在职继续教育课程教材体系。

（2）政策文件解读。《会计法》以及会计准则、会计通则等一直作为会计人员实操的指导性文件，在财务智能化背景下，财政部门也会相应做出新解释。据此，会计管理部门应及时应对外界经济环境变化，下达相关政策最新解读文件，并组织各级会计人员集中学习指导性文件，保证企业基本财务处理程序符合最新要求。此外，随着我国会计准则与国际会计准则逐渐趋同，后续理论培训中可通过加强会计人员对国际会计准则的学习，有助于会计人员进一步了解国际国内准则的异同，为企业建立良好的会计环境奠定基础。

2. 新兴技术教学

（1）数据处理技术。相比于在校学生，已经在工作岗位上的会计人员对数据处理技术的需求更为迫切。仅仅在会计信息系统水平上的相关会计技术已经无法满足社会环境对会计人员的要求。因此，后续教育还应当重视除会计基本技能外如对数据处理技术的传授，可以通过邀请相关大中型企业、会计师事务所资深财务专家定期举办会计人员数智技术培训，从而提高会计人员数据筛选、数据处理能力。

（2）"数财"融合技术。除了对数据基本处理技术的学习，会计人员后续培训还应当重视对数智技术在财务领域中的运用进行教学。例如，对财务共享中心的建立、云会计的实施、区块链会计的运用等多种实际操作进行培训。随着智能技术在各类企事业单位的普及，在会计人员后续培训中，如果单独培养数智技术运用而脱离财务数智化技术的融合，会导致会计人员无法有效地将二者统一起来，只是学会了两类单一技术，从而实际无法满足企业的需求。

3. 实务经验交流

（1）管理部门推动。会计管理部门应当注重会计人员的经验提升，可以通过举办各类财务决策、账务案例分析等比赛，鼓励各级会计人员踊跃参加，进而达到丰富会计人员知识、提升会计人员技能的目的；还可以借助 CPA 会员、ACCA 会员的后续教育管理，聘请业界大咖，举办财经论坛，或是定期发布相关案例报告，提高会计人才队伍水平。

（2）标杆企业交流。面对当前财务智能化趋势，不同层次、不同规模企业的财务部门对于外界环境的反应速度存在差异。例如，华为等大型企业很早之前就实现了业财融合与财务共享。因此，在会计人员的后续教育中，发展较缓慢的企业应当与标杆企业建立会计人员互帮机制，调配自身会计人员前往标杆企业财务部门吸取先进的财务工作经验，学习标杆企业在面对智能环境时做出了哪些调整，并结合行业特征对自身财务部门进行战略性改革，促使财务部门的转型发展适配外界环境的需求。

科学技术是"第一会计环境因素"，信息科技的迅猛发展催生了以新产业、新业态、新商业模式为代表的新兴经济体。新的要素市场结构对会计人才的供给产生了重大影响，使得会计人才培养改革迫在眉睫。高校作为会计人才培养的主阵地，在制定培养目标和具体培养措施时，应站在财务智能化时代发展的高度，顺应时代潮流，将培养重点放在探索并建立复合型高端会计人才模式上，将数智技术应用融入高校、教师、学生三维结构中，并根据财务智能化时代社会对会计人才知识储备和能力结构的需求状况，积极探索"大数据＋会计""智能会计与财务管理""IT＋审计"等新兴会计人才培养方向，做到"政产学研"协同，进而实现会计人才供需更精准的匹配。

第四节　财务会计由信息化到智能化转型发展

科技的进步带动了人工智能技术的发展，随着人工智能在我国各行各业的普及与渗透，各行各业的发展模式都发生了改变。2016 年，德勤会计师事务所研发出智能财务机器人，标志着人工智能在会计领域取得一大进展。智能财务机器人的问世，大大提升了传统会计的工作效率，重新定义了传统会计的记账、算账和报账等内容，使得人工智能环境下的财务会计有了新的工作内容和工作模式。这也意味着财务会计要面临人工智能环境下转型发展的新挑战。本书围绕财务会计与人工智能展开论述，重点探讨在人工智能应用环境下，财务会计由信息化向智能化转型发展的策略建议。

一、财务会计与人工智能

财务会计（Financial accounting）是按照国家相关法律法规和会计程序，以专业化处理方法对企业财产运作、资金流转、融资投资等相关事件进行统计、核对以及监督工作，并及时向企业相关利益者和国家相关部门提供财务运行报告的经济管理活动。财务会计是保证企业稳定运营的基础性工作，财务报告是财务会计统计、核对和分析的财务数据，企业管理者通过对财务报告的阅读，就能够全面了解企业的经营现状，并以此作为决策的参考和依据。

人工智能，就是利用计算机技术、数据技术为人们提供周到的服务。人工智能的设计原则是以人为本，其本质就是数据计算，即按照人类的逻辑思维来进行相关的软件开发和芯片制作，人们可以通过键盘、鼠标、屏幕等输入端与人工智能进行互动交流。人工智能设备能够取代人类做一些人类不擅长、高难度和有危险的工作，其不仅拥有较强的学习能力，还能够自我演化迭代，吸收各类知识，在原有知识体系中进化新知识，更新自己的知识库，适应新环境。

随着人工智能时代的全面到来，大数据、云计算和人工智能的应用越来越广泛，人工智能在会计领域的应用逐渐取代了人的工作。传统财务会计体系在一定程度上不再适合企业发展的需求，这也给传统的财务会计活动带来挑战。财务会计需要在工作过程中不断转型寻求更好的发展。

二、财务会计由信息化向智能化转型的发展现状

通过上文对人工智能时代的论述可知，智能化的时代背景对财务会计提出了新的要求。在时代推动下，企业不断加大创新，以适应人工智能时代的新要求，对传统的工作模式进行改革。财务会计也逐渐拓展其职能作用，积极融入企业内部的业务活动之中，加强预测业务，评估经济活动，为企业的经济决策和控制活动提供有价值的信息服务。很多企业不断推动财务会计转型升级，从管理会计、业财融合、财务共享等方面寻找突破口，以顺利推进财务会计转型。

（一）业财融合

业财融合是指利用科学有效的信息技术，在财务部门和业务部门之间共享资金流动、信息流等信息和数据，促进企业更好地实施相关政策决定和计划方案。传统的财务会计主要是事后会计，通常不重视业务的管理和解决，而是对会计信息以监督的形式进行工作，这限制了企业财务的价值和作用。在业财融合中，财务会计工作真正有效地融入业务活动，进行财务事前预估、事中控制和事后监督，这样的财务政策决定模式不断扩展和开拓了财务部门的职能作用。

（二）管理会计

管理会计（Management Accounting）是目前会计大类中的一个分支，其作用是为企业经济决策提供信息服务，包括对财务数据的收集、处理、分析与预测等。管理会计作为针对企业内部决策的财务管理方式，正在发挥越来越重要的作用，成为企业实现目标战略的重要工具。其主要任务是对已有的财务数据进行动态分析和实时预测，通过数据分析、结果预测等过程，将分析结果和研究成果直接提供给企业管理层，帮助管理层优化中长期发展目标。

（三）财务共享服务中心

财务共享服务中心是指企业集团将各子公司和分公司的财务工作集中起来，进行批量处理，通过调整组织机构和资源配置，建立标准化和统一化处理财务信息的机构或系统，从而减少财务管理方面的成本，便于集团财务的高效管理。企业集团传统的财务管理，由于子公司和分公司众多，各个财务部门独立，导致财务管理分散，难以做到统一协调，给企业集团的财务活动带来巨大影响，财务数据难以共享，财务数据

收集和分析效率低。财务共享服务中心有利于将复杂的财务工作流程简单化和标准化，提高财务信息收集和分析的效率，便于深挖财务信息，为企业的发展战略和经验计划等重要决策提供数据支持。

三、财务会计由信息化到智能化转型发展的问题分析

人工智能的本质是社会生产力的革新，历史上每次生产力的革新都会对传统的工作模式带来的挑战，在会计领域，四大会计师事务所相继研究出自己的财务管理机器人，会计行业的人工智能化不断升级，大量机械重复的会计工作将由人工智能设备来完成，这对财务会计的转型发展提出严峻的考验。

（一）对财务会计转型的认知不足

企业最看重经济效益，企业经营者都将重心放在研发、生产、销售等环节上，对财务工作重视程度不够，认为财务管理工作不重要，财务人员直接参与公司经营决议的机会很少。还有一些企业很少关注财务管理工作，认为财务管理有会计做账就行，根本没有管理的概念。财务人员也认为只要完成统计工作即可，不会去进一步分析数据。实践证明这种观念落后，对企业发展没有促进作用。在进行财务数据整理的过程中，可以发掘很多经济信息，对企业财务体系的转型有非常重要的作用。

（二）企业组织对财务会计转型的配合度不高

传统的企业组织形式中，财务部门与业务部门之间的沟通并不多，财务部门主要是对业务部门产生的经济数据进行核对和记录，更多的是起到事后管理的作用。在这种情况下，不仅业务部门和财务部门之间的信息在传递过程中极易出现延误和失真，不利于财务部门的基础数据核算工作，财务信息处理的结果也容易与真实情况不符，无法对企业业务起到参考作用。

再加上传统的财务报表编制，只关注固定的财务指标数据，导致财务部门很难对企业业务中的其他信息保持关注，财务管理的效果不理想，达不到新时期企业经营发展的需求。

（三）财务会计的专业技能有待提高

传统的会计工作对于数据的整理是非常烦琐的，但由于企业对于财务工作重视程度不够，导致了财务工作者要投入大量的精力去完成数据的统计工作，使得财务管理工作实际的工作效率并不高。财务工作的特殊性，造成了财务工作者所面临的工作环境单一、工作内容烦琐，许多财务员工面临巨大的压力，基本不会主动去了解其他部门的工作内容，尤其人工智能方面的知识。长期如此就造成了财务人员知识匮乏，新的知识储备不足。

（四）财务会计转型的信息化环境不友好

大多数企业中各个部门都是独立的信息管理系统，本部门的所有信息都只能留在该部门内部，各个部门系统呈现各自为政的状态，没有充分实现信息全共享，甚至很多数据都没有及时有效地传输到企业财务系统中，财务部门不能及时了解公司发展过程中对于资金的需求、收支情况，进而影响财务部制订下一步的财务计划和融资安排，无法实现财务与主营业务相融合，阻碍了财务会计向管理会计转型的进程。

四、财务会计由信息化到智能化转型发展的策略建议

（一）增强对财务会计工作的重视度

财务管理对企业的发展具有一定的决定性作用，尤其在人工智能逐渐进入财务管理体系的发展趋势下，企业管理者更应该认识到财务工作的重要性，关注财务体系的转型工作。

第一，改变传统的财务会计理念。企业要重新审视会计的职能，要求财务人员将工作的重心更多地放在数据的处理、分析和趋势判断上。高度关注业务的事前预测，能够更有效地提高企业内部经济决策的科学性，减少财务风险。

第二，保持敏锐的嗅觉，了解人工智能在财务管理领域的研究进展，及时将最新的研究成果与本企业的财务工作相联系，结合本企业实际的财务管理工作进展，有针对性地引入相关的技术，为企业内部财务会计的转型升级提供技术支持。

第三，保持学习的态度，企业财务人员始终要全面了解财务会计和管理财务的优缺点，不断掌握更多人工智能等先进的知识，在日常的财务工作中要时刻总结工作经验，更新自己的专业思维，以应对人工智能给会计工作带来的挑战。

（二）优化组织结构和业务流程

第一，调整传统的会计组织结构。部门架构的调整是实现业财融合和智能化转型的基础条件之一。将企业内所有业务活动进行整合，此时单凭财务部门无法顺利开展财务会计工作，应适当调整传统财务会计组织架构，同时需各部门积极配合。部门间融合的好坏将直接决定财务转型的管理效率。这就要求企业在转型时期，不断加大改革力度，持续推动财务工作标准化、程序化、规范化，发挥出财务管理的最优价值。第二，制定全新的财务执行标准。在人工智能日益成熟的背景下，传统财务会计业务流程已经不能满足新的需求。在建设全新的财务系统时，企业管理者应对传统会计业务流程进行梳理，在符合国家相关机构的要求下，建立新的财务处理标准，制定工作流程，使其更好地融入企业的业务活动中，从而保障财务转型工作更加科学。根据企业发展实际及时修订执行标准，完善财务工作方案，使财务会计转型工作顺利开展。

（三）加强对财务会计的新技能培训

第一，改进财务部门的工作方式。随着人工智能在财务方面取得了重大突破，企业陆续引进相关技术对财务体系进行升级。在此背景下，企业要及时更新财务人员的工作方式，在新型财务体系的要求下，改进员工的工作技能，提高公司财务工作的效率，通过提升专业水平，为相关工作的顺利开展提供动力。

第二，提高财务人员的专业素养。传统的财务人员会计知识丰富，但缺乏探索业财融合、管理会计等的经验，知识结构和能力有限。企业不仅要引导财务人员学习业务与财务一体化的相关知识，在实践中，还要不断跟踪业财融合的进程，加快转型事件，全面提高财务团队的综合素质，加强人才基础建设。当发现存在财务问题时，加大教育培训力度，帮助财务会计找出问题的根源，有针对性地解决专业素养不足的问题。

（四）构建良好的信息系统环境

第一，企业在进行财务体系转型的过程中，应该科学合理地将互联网加入财务体系的建设中来，构建一个全面的人工智能应用管理系统，并加大资金力度，不断升级优化该系统，确保该应用系统能够发挥最大作用，为会计工作的顺利开展提供支持。加强财务信息化建设，在财务管理方面加大资金投入，完善财务统计的软件系统等设施，提升手机处理数据与传输的效率。

第二，在财务工作运用人工智能技术的过程中，要制定限值，不能忽视人工的重要性。对于关键性的财务数据还应该由专业的财务人员进行统计、核对、分析，避免由于人工智能技术软件或者硬件无法正常使用，使得关键性数据丢失，进而影响企业的良性发展。

第三，加大基础会计工作信息化改造力度。先进的网络信息技术将成为实现智能化转型的重要支撑。针对一些企业信息系统碎片化，不能对信息数据进行有效整合的问题，企业在提供配套的软硬件基础设施的同时，应加大基础会计工作信息化改造力度，使财务会计从重复劳动中解脱出来，为财务人员将大量精力投入信息管理中奠定基础。

随着科学技术的进步，人工智能获得飞速发展，给企业财务会计转型带来机遇与挑战。

在智能化发展背景下，企业财务会计转型要求企业高度重视财务会计的智能延伸，结合自身实际情况，通过调整企业组织管理架构、加强人员培训力度、加快信息化建设等方式，充分发挥管理会计、财务共享服务中心、业财融合的优势，使企业财务会计转型成功，高效完成财务管理工作，在新模式下创造更多的收益，促进高质量发展目标的实现。

参考文献

[1] 张金浩，林绍良．浅析企业管理变革与创新 [J]．现代企业文化，2015(33)：76-77．

[2] 郭曼．企业管理创新：互联网时代的管理变革 [J]．中国科技产业，2012(4)：74．

[3] 孙永新．现代企业管理变革与创新 [J]．中国商办工业，2002(6)：18-19．

[4] 张洪波．创新变革企业管理体系 [J]．中国外资，2017(6)：88．

[5] 陈贤彬．企业管理会计信息系统构建研究 [D]．广州：广东财经大学，2017．

[6] 何倩梅．管理会计在中小企业中的应用研究 [D]．武汉：华中师范大学，2017．

[7] 张咏梅，于英．"互联网+"时代企业管理会计框架设计 [J]．会计之友，2016(3)：126-129．

[8] 强建国．管理会计在企业应用中存在的问题及对策 [J]．科技与企业，2013(22)：91．

[9] 官小春．高科技企业研发超越预算管理研究 [D]．长沙：中南大学，2010．

[10] 杨伟明，孟卫东．联盟组合管理、合作模式与企业绩效 [J]．外国经济与管理，2018(7)：32-43．

[11] 刘玉华．企业管理模式与企业管理现代化探讨 [J]．市场观察，2018(7)：71．

[12] 宋新平，梁志强．浅谈企业管理模式与企业管理现代化 [J]．中国商论，2017(4)：69-70．

[13] 张怀志，王苓．企业管理流程与企业管理效益提升 [J]．中国新技术新产品，2015，12(10)：174-174．

[14] 王彬．浅谈企业管理流程与企业管理效益提升方法研究 [J]．企业文化旬刊，2017，20(6)：182．

[15] 罗永旭．浅谈企业管理流程与企业管理效益提升方法研究 [J]．科技创新与应用，2017，16(8)：266-266．

[16] 蒙宇村．基于业务流程管理视角探讨提高企业管理效率的途径 [J]．中国管理信息化，2015，20(12)：54-54．

[17] 黄中恺．流程优化与企业效益提升的实证分析 [J]．上海船舶运输科学研究所学报，2016，39(4)：60-66．